투자의 핵심
제시 리버모어 어록
HEART OF SPECULATION
JESSE LIVERMORE QUOTES

투자의 핵심
제시 리버모어 어록

제시 리버모어 지음 | 박정태 엮고 옮김

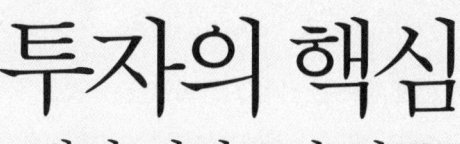

HEART OF SPECULATION
JESSE LIVERMORE QUOTES

굿모닝북스

■ 글머리에

초일류 트레이더의 성찰과 충고

제시 리버모어의 글과 말에는 힘이 깃들어있다. 그것은 시장을 꿰뚫어보는 예리한 통찰력이고, 인간 본성에 대한 냉정한 투시력이고, 투기의 본질을 헤아릴 줄 아는 깊은 이해력이다. 올림픽에서 육상 100미터를 뛰는 선수의 달리는 모습을 느린 화면으로 보면 피부 아래 숨겨져 있는 근육이 역동적으로 움직이는 게 생생하게 느껴지듯이 제시 리버모어의 글과 말도 천천히 읽어가다 보면 그야말로 정신이 번쩍 드는 생명력을 느낄 수 있다.

이 책 《투자의 핵심: 제시 리버모어 어록》은 그의 투자 기법을 해설하거나 요약한 것이 아니다. 제시 리버모어가 남긴 글과 말 가운데 핵심적인 대목만 골라낸 것이다. 따라서 그의 글과 말에 깃든 힘을 가장 분명하게 읽을 수 있다. 이런 힘을 생생하게 느껴볼 수 있도록 우리말 번역문과 함께 영어 원문을 나란히 실었다. 독자들도 제시 리버모어의 호흡과 리듬을 따라가면서 그 속에 숨어있는 주옥 같은 메시지들을 한껏 음미해봤으면 하는 의도에서다.

최고를 만나면 사물을 보는 눈이 달라진다. 그런 점에서 제시 리버모어를 읽는다는 것은 그 자체로 아주 값진 투자다. 열네 살 때부터 세상을 떠나는 순간까지 평생을 월스트리트에서 보낸 그의 글과 말에는 노회한 프로 트레이더만이 내놓을 수 있는 촌철살인의 지혜가 담겨 있다. 그의 글 한 문장 한 문장은 논리적이면서도 현장 냄새가 팍팍 풍겨나고, 그의 말 한 마디 한 마디는 정곡을 찌르면서도 위트가 넘친다.

제시 리버모어의 탁월함은 우리가 인식하고는 있으나 그것을 명확히 서술하거나 말할 수 없었던 시장과 인간 본성, 투기의 핵심을 정확히 지적해주는 능력에 있다. 그래서 미세하지만 아주 중요한 움직임을 포착해내는 것이다. 여기에 실린 제시 리버모어 어록에서는 주기적으로 시장에 넘쳐나는 희망과 두려움, 모든 투자자들의 마음 한구석에 자리잡고 있는 탐욕과 허영을 고스란히 읽을 수 있다. 하나하나가 주식 투자의 의미와 본질을 깨닫게 해주는 경구(警句)들이다.

제시 리버모어가 직접 저술한 《주식 투자의 기술How to Trade in Stocks》과 에드윈 르페브르가 그와의 인터뷰를 토대로 쓴 《제시 리버모어의 회상Reminiscences of a Stock Operator》은 월스트리트에서 투자의 고전으로 손꼽히고 있다. 윌리엄 오닐이나 케네스 피셔 같은 내로라하는 투자 전문가들이 그의 책을 "꼭 읽어야 할 필독서"로 추천하는 이유는 그의 투자 철학과 정신이 시대를 초월한 보편성을 갖고 있기 때문이다. 여기에 수록한 그의 글과 말 135편은 이 두 권의 책과 《원전으로 읽는 제시 리버모어의 회상》, 여러 신문과 잡지에 실린 그의 인터뷰 내용 가운데 정수(精髓)만을 가려 뽑아낸 것이다.

　제시 리버모어는 주식 투자의 어려움을 아주 현실감 있게, 설득력 있는 목소리로, 자신의 실제 경험담과 함께 솔직하게 들려준다. 날카로운 시각으로 월스트리트의 가장 비밀스런 구석까지 깊숙이 들여다보고 이를 자세하게 알려준다. 이 책은 편의상 시장에 대하여(제1부)와 인간에 대하여(제2부), 투기에 대하여(제3부)로 나눴으나 순서대로 읽을 필요는 없다. 그저 눈길 닿는 대로 읽으면서, 마치 제시 리버모어가 다시 살아나 바로 앞에서 열정적으로 토로하는 모습을 떠올려보면 된다. 그러면 한 편 한 편 읽을 때마다 제시 리버모어만이 전해줄 수 있는 시장의 가르침을 배우는 것은 물론이고, "어록"만이 선사할 수 있는 예상치 못한 즐거움까지 듬뿍 얻을 것이다. 제시 리버모어 어록은 한마디로 주식시장을 관통하는 깨달음의 원천이자 지식의 보고(寶庫)이기 때문이다. 그가 전해주는 투자의 정신은 시공을 달리한 오늘날의 우리나라 독자들에게도 강렬한 메시지로 다가올 것이다.

　투기를 뜻하는 영어 단어 "speculate"는 원래 면밀히 조사하고 관찰한다는 의미의 라틴어 "speculari"에서 나온 것이라고 한다. 따라서 투기의 진짜 의미는 시장의 앞날을 미리 내다보고 탐색한다는 뜻이다. 이 책의 본문에서도 읽을 수 있듯이 제시 리버모어는 투자와 투기를 구분했다. 투자는 이자나 고정 배당금처럼 미리 정해진 수입을 얻기 위한 것이고, 투기는 가격의 오르내림에 따른 시세차익(자본이득)을 얻기 위한 것이다. 그런 이유로 이 책의 영문 제목을 《Heart of Speculation》으로 한 것이다. 그러나 우리말 제목을 《투자의 핵심》으로 한 까닭은 우리나라 독자들은 이미 주식 투자를 자본이득을 위한 것으로 이해하고 있기 때문이다. 다만 본문에서는 제시 리버모어가 쓰고 말한 대로 투자와 투기를 구분해서 번역했다.

우리보다 한 세기 전을 살다간 인물인데도 제시 리버모어의 글과 말을 읽다 보면 오늘 우리가 느끼고 있는 것들과 거의 비슷한 감정을 발견하고 깜짝 놀라곤 한다. 무섭도록 낯설게 보였던 주식시장의 갑작스러운 움직임이 실은 우리가 매일 접하는 시장의 본질적인 모습이라는 사실을 알게 되고, 결국 제시 리버모어처럼 담담하면서도 냉정한 자세로 상황을 그대로 받아들일 수 있는 힘이 생기는 것이다.

제시 리버모어에 푹 빠져 지낸 세월이 어느덧 두 해 가까이 돼간다. 그 사이 세 권의 책을 번역했고, 이번에 어록까지 새로 정리했다. 주식시장은 늘 새롭다. 변화무쌍하고 매혹적이기까지 하다. 세계적인 금융위기 속에 코스피 지수 1000선마저 붕괴됐던 게 불과 2년 전인데, 우리나라 주식시장은 지난 연말 코스피 2000선을 돌파하더니 새해 벽두부터 연일 신고가를 경신하고 있다. 그럴수록 주식시장의 온갖 부침을 다 겪어본 노(老) 트레이더의 성찰과 충고가 가슴에 와 닿는다. 나부터 이 책을 다시 한번 꼼꼼히 읽어볼 참이다. 주식시장에 새로운 것은 없으니 말이다!

2011년 1월

박정태

■ 목차

4 글머리에

제1부 시장에 대하여

14 월스트리트에 새로운 것은 없다
16 시장은 절대 틀리지 않는다
18 시장의 큰 흐름을 믿어야 한다
20 시장은 바라는 대로 되지 않는다
22 가장 진실한 우군
24 지금은 강세장 아닌가
26 시장의 큰 흐름을 타기 위해서는
28 로마는 하루아침에 이루어지지 않았다
30 시장은 단 한 번에 방향을 바꾸지 않는다
32 시장이 방향을 잡고 막 움직이기 시작했을 때
34 주식시장에는 단 하나의 시각만 있다
35 주가 패턴은 반복된다
36 시장 전반의 여건을 공부하라
38 주가 움직임과 다투지 말라
40 시장을 향해 화를 낸다면
42 참고 기다리면 시장이 신호를 준다
44 관찰이야말로 최고의 정보다
46 지식이 있어야 일어설 수 있다

48 나는 시장을 공격하지 않는다
50 작전세력과 큰손 내부자들을
　　내편으로 만들라
52 시장의 경고음에 귀를 기울이라
54 노련한 트레이더라면
56 전부 다 알 필요는 없다
58 진실은 금방 알려지지 않는다
60 시간이라는 자물쇠
62 내부자가 알려주는 신호
64 상품시장의 매력
65 주가와 최소 저항선
66 공매도와 주가 하락
68 약세 투기자가 주가를 떨어뜨리는 게 아니다
70 매수가 공매도보다 더 매력적
72 예상할 수 없는 위험
74 주식시장과 노블레스 오블리주
76 주식시장은 절대로 고분고분하지 않다
78 누구도 주식시장을 이길 수 없다

제2부 인간에 대하여

80 투기자의 가장 큰 적, 희망과 두려움
82 무기는 달라져도 전략은 그대로 남는다
84 가장 경계해야 할 인간적인 약점
86 자만심은 값비싼 대가를 요구한다
88 자기 자신을 읽을 줄 알아야 한다
90 무지와 탐욕으로부터 보호해줄 수는 없다
92 자신의 판단이 무엇보다 중요하다
94 경험과 기억력, 꾸준한 공부
96 프로와 아마추어의 차이
98 투기를 하지 말아야 할 사람
99 투자자는 월급쟁이가 아니다
100 프로의 냉정함과 자신감
102 큰돈은 머리가 아니라 엉덩이로 번다
104 대중의 시각이 바뀌는 데는 오랜 시간이 걸린다
106 자신의 판단에 집중하라
108 기회는 다시 찾아온다
110 대중들이 큰돈을 벌지 못하는 이유
112 프로들에게도 허영심은 있다
114 성공한 다음에 찾아오는 방심
115 얼마든지 잘못을 저지를 수 있다
116 운명의 여신이 청구하는 수업료
118 실수라는 집안은 대가족이다
120 반드시 틀리는 날이 온다
122 실수 덕분에 신중해지다
124 똑같은 실수를 되풀이하지 않는다
126 시장을 향해 원한도 자부심도 갖지 말라

127 공짜는 없다
128 공짜로 얻으려 하면 대가를 치르게 된다
130 순식간에 번 돈은 순식간에 나간다
132 왜 의심하고 따져보지 않는가
134 월스트리트의 똑똑한 바보들
136 호구들이 돈을 잃는 이유
138 비밀정보는 술주정꾼의 바람
140 희망하는 것은 믿게 된다
141 내부자 정보를 경계하라
142 무지와 탐욕, 두려움, 희망
144 익명의 출처에서 나온 기사를 경계하라
146 내가 월스트리트 잡지 발행인이라면
148 돈의 향기를 맡아보라
150 돈은 여러 하인들 가운데 하나일 뿐이다
152 절약하는 습관은 금방 잊고 낭비하는
　　 습관은 금방 든다
154 따로 저축해두라
156 이론을 배웠으면 행동에 나서야 한다
157 알려지기를 원치 않는다
158 혼자서 하는 이유
160 미래의 위험을 감지하는 능력
162 예측의 정확성과 용기
164 멈칫거리지 말라
166 결정적인 순간을 잡아라
167 실수를 용서받을 수 있는 길
168 가진 돈을 전부 날려 보는 것

제3부 투기에 대하여

170 투기라는 게임은 변하지 않는다
171 투기는 하나의 사업이다
172 투기는 외로운 사업
174 월스트리트의 성공 요소
176 확률에 기초해 베팅하라
178 투기는 어렵고 힘든 일이다
179 투기란 예측하는 것이다
180 주식 트레이더와 외과의사
182 관찰하고 시험해보라
184 돈을 잃는 것보다 기회를 놓치는 게 더 무섭다
186 정확한 시점 포착이 중요하다
188 최소 저항선이 드러날 때까지 기다리라
190 해야 할 때와 하지 말아야 할 때가 있다
192 기다리는 것도 투자다
194 돈을 벌어주는 것은 인내다
196 몇 수 앞을 내다보라
198 나의 트레이딩 방식(1)
200 나의 트레이딩 방식(2)
202 나의 트레이딩 방식(3)
204 나의 트레이딩 방식(4)
206 나의 트레이딩 방식(5)
208 작은 손실은 보험이다
210 가장 치명적인 실수
212 마진콜도 유용한 정보다
213 무엇이 다가오고 있는지 알 수 없을 때

214 이유는 나중에 알아도 된다
216 달려오는 기차는 무조건 피해야 한다
218 예측할 수 없는 주식은 건드리지 말라
220 주식의 성격을 파악하라
221 영원한 주도주는 없다
222 틀렸을 때는 대가를 치러야 한다
224 직접 돈을 걸기 전까지는 알 수 없다
226 기회는 불확실할 때 붙잡아야 한다
228 늘 긴장된 자세를 유지하라
230 자기 돈은 자신이 관리하라
231 자기 손으로 정리하고 기록하라
232 작은 등락에 연연하지 말라
234 50주를 파는 것과 5만 주를 파는 것
236 탐욕과 희망을 이겨낸 상식
238 룰렛 게임에서 돈을 따는 방법
240 시세조종의 대원칙
242 시세조종도 트레이딩일 뿐이다
244 내부자 정보는 파산으로 가는 지름길이다
246 지식이 있다면 거짓말을 두려워할
  필요가 없다
248 거래를 시작할 때와 끝낼 때
249 리스크 관리와 현금 확보
250 진정한 승리는 돈이 아니다
252 돈벼락을 피할 수 없는 시기가 있다
254 주식 투기는 사라지지 않을 것이다

‖일러두기‖

1. 각 인용문의 제목은 옮긴이가 임의로 붙인 것입니다. 영어 원문 아래 붙인 간략한 해설은 독자의 이해를 돕기 위해 옮긴이가 따로 쓴 것입니다.
2. 전문(全文) 검색의 편의를 위해 인용문 끝에 출처를 밝혔습니다. 출처와 함께 면수를 밝힌《제시 리버모어의 회상》《주식 투자의 기술》《원전으로 읽는 제시 리버모어의 회상》은 모두 굿모닝북스에서 출간한 한국어판(2010)을 기준으로 했습니다. 국내에 아직 번역본이 나오지 않은《Wall Street Ventures & Adventures Through Forty Years》(Richard D. Wychoff, 1930)와 신문 인터뷰 기사는 출처만 밝혔습니다.
3. 영문 원서(原書) 출간 당시 불가피하게 섞인 것으로 보이는 몇 군데 탈오자가 있었으나 이번에 새로 실은 영어 원문에서는 이를 바로잡았습니다.
4. 본문 가운데 주가의 등락을 이야기하면서 자주 쓰는 "포인트"라는 표현은 뉴욕증권거래소(NYSE)에서 주가를 액면가(100달러) 대비 퍼센트로 표시했던 시절의 것으로, 별도의 설명이 없는 한 1포인트는 1달러와 같습니다. NYSE는 1915년 이후 주가를 실제 거래되는 금액을 기준으로 표시함으로써 "포인트"라는 표현은 사라지게 됩니다. 상품시장의 경우 거래 단위에 따라 달라지는데, 통상적으로 1포인트는 1센트를 나타내는 경우가 많습니다. 물가수준과 구매력을 기준으로 1900년대 초의 1달러는 현재 화폐가치로 약 26달러 수준입니다.

제1부

시장에 대하여
ON MARKET

HEART *of* SPECULATION
JESSE LIVERMORE QUOTES

월스트리트에 새로운 것은 없다

내가 일찌감치 배운 또 하나의 가르침은 월스트리트에 새로운 것은 없다는 점이다. 그럴 수밖에 없다. 투기라는 게 아주 오래 전부터 존재했으니 말이다. 오늘 주식시장에서 무슨 일이 벌어지든 이전에 똑같은 일이 있었을 것이며 앞으로 또 다시 되풀이될 것이다. 이 사실만큼은 단 한순간도 잊은 적이 없다. 나는 그 일이 정확히 언제 그리고 어떻게 벌어졌는지 기억해내려고 애쓴다. 그런 식으로 과거를 기억해내는 것, 이것이야말로 이전의 경험을 내 나름대로 활용하는 방식이다.

《제시 리버모어의 회상》 p17

Another lesson I learned early is that there is nothing new in Wall Street. There can't be because speculation is as old as the hills. Whatever happens in the stock market today has happened before and will happen again. I've never forgotten that. I suppose I really manage to remember when and how it happened. The fact that I remember that way is my way of capitalizing experience.

하늘 아래 새로운 것은 없다. 주식시장 역시 마찬가지다. 주식 붐과 함께 광기가 몰아치면서 거품이 일었다가는 패닉과 함께 주가는 폭락하고 거품도 붕괴한다. 주가는 바닥을 기고 대중은 시장을 외면하면 그때 비로소 반전이 이루어진다. 주식시장을 움직이는 기본 동력, 즉 인간의 본성이 변하지 않는 한 이 과정은 영원히 이어질 것이다. 제시 리버모어는 이 가르침을 누구보다 어린 나이에 배웠다.

시장은 절대 틀리지 않는다

일정 기간 동안 시장이 확실한 추세를 이어가고 있다면 여기서 강세 혹은 약세 요인의 뉴스 하나가 나온다 해도 시장에는 거의 영향을 미치지 못할 것이다. 그 시점의 시장 그 자체가 과매수 상태나 과매도 상태일 수 있고, 어느 쪽이든 특정 뉴스의 영향이 무시될 수 있는 것이다. 이런 시기에는 과거 비슷한 상황에서 어떤 식으로 귀결됐는지를 보여주는 기록이 투자자에게든 투기자에게든 무척 귀중한 것이다. 이런 시기에는 개인적인 의견은 철저히 무시한 채 오로지 시장 그 자체의 움직임에만 주의를 기울여야 한다. 시장은 절대로 틀리지 않는다. 우리의 판단은 자주 틀린다. 우리의 판단이란 시장이 생각대로 움직여주지 않는 한 투자자에게든 투기자에게든 전혀 쓸모 없는 것이다. 아무도, 아니 어떤 세력도 오늘 시장을 만들어낼 수 없고 무너뜨릴 수도 없다.

《주식 투자의 기술》 p17

After the market has been in a definite trend for a given period, a bullish or bearish piece of news may not have the slightest effect on the market. The market itself at the time may be in an overbought or oversold condition, in which case the effect of that particular news would certainly be ignored. At such times the recording value of past performances under similar conditions becomes of inestimable value to the investor or speculator. At such times he must entirely ignore personal opinion and apply strict attention to the action of the market itself. Markets are never wrong—opinions often are. The latter are of no value to the investor or speculator unless the market acts in accordance with his ideas. No one man, or group of men, can make or break a market today.

주식시장의 큰 흐름은 하루아침에 바뀌지 않는다. 그렇다고 영원히 한 방향으로만 움직이는 것도 아니다. 때가 되면 방향을 틀고 때가 돼야 바뀌는 것이다. 인상을 써가며 시장과 싸워봐야 아무 소용도 없다. 시장의 법칙은 우리가 맞설 때조차 여전히 강력하게 작용한다.

시장의 큰 흐름을 믿어야 한다

자기 자신의 판단에 대한 믿음이 없으면 누구도 이 게임에서 끝까지 나아갈 수 없다. 이것이 바로 지금까지 내가 배운 모든 것이나 다름없다. 시장 전반의 여건을 공부하고 포지션을 잡은 다음 꿋꿋이 지켜나가야 한다. 나는 이제 초조해하지 않고도 기다릴 수 있다. 주가가 떨어지더라도 단지 일시적인 조정이라는 사실을 알기 때문에 전혀 흔들리지 않고 바라볼 수 있다. 10만 주를 공매도한 상태에서 꽤 큰 반등이 곧 닥쳐올 것이라는 사실을 내다본 적도 있다. 나는 이렇게 예상했다. 내가 보기에 그 반등은 불가피하며, 아무리 좋게 봐줘도 내가 거둔 평가이익에서 100만 달러는 날려버릴 것이었다. 내 생각은 정확한 것이었다. 그럼에도 불구하고 나는 내 포지션을 고수했고, 평가이익이 절반으로 줄어드는 것을 지켜봤다. 나는 공매도한 물량을 환매수한 다음 추가로 랠리가 이어지면 그때 다시 공매도하라는 조언을 단 한 번도 고려해보지 않았다. 그렇게 하면 내 포지션을 잃을 것이며, 그것은 틀림없이 치명적인 상처를 남길 것이라는 사실을 나는 알고 있었다. 나에게 큰돈을 벌어주는 것은 시장의 큰 흐름이기 때문이다.

《제시 리버모어의 회상》 p106

Without faith in his own judgment no man can go very far in this game. That is about all I have learned—to study general conditions, to take a position and stick to it. I can wait without a twinge of impatience. I can see a setback without being shaken, knowing that it is only temporary. I have been short one hundred thousand shares and I have seen a big rally coming. I have figured—and figured correctly—that such a rally as I felt was inevitable, and even wholesome, would make a difference of one million dollars in my paper profits. And I nevertheless have stood pat and seen half my paper profit wiped out, without once considering the advisability of covering my shorts to put them out again on the rally. I knew that if I did I might lose my position and with it the certainty of a big killing. It is the big swing that makes the big money for you.

투자의 세계가 아니더라도 다 마찬가지다. 자신의 판단을 신뢰하지 못하면 무슨 일도 할 수 없다. 자기 자신을 믿지 못하는 순간 스스로 무너져 내리는 것이다. 시장이 그들을 이기는 게 아니라 스스로 패배하는 것이다.

시장은 바라는 대로 되지 않는다

모두들 갖고 있는 인간적인 측면이야말로 대개의 투자자 혹은 투기자에게 가장 큰 적이다. 크게 올랐던 주식인데, 비록 지금은 하락세로 돌아섰다 해도 한번쯤 반등이 나오지 않겠는가? 물론 주가가 어느 수준까지 떨어지면 반등이 있을 것이다. 하지만 왜 자기가 바라는 딱 그 시점에 반등이 나올 것이라고 기대하는가? 그럴 가능성은 적다. 만일 그렇게 된다 해도 주저하고 망설이는 성격의 투기자는 이를 전혀 활용하지 못할 것이다. 그래도 투기를 진지한 사업으로 여기는 사람들에게 분명히 해두고 싶은 것은, 이렇게 됐으면 하고 바라는 마음은 지워버려야 한다는 것이다. 이건 내가 의도를 갖고 재차 강조하는 것이다. 매일 혹은 매주 투기를 해서 성공할 수 있는 사람은 아무도 없다. 기회는 1년에 몇 차례밖에 없다. 네다섯 번이 고작이다. 이런 기회가 왔을 때 비로소 가진 돈을 전부 걸어야 한다. 그 사이에는 다음 번 큰 주가 흐름을 시장 스스로 만들어내도록 기다려줘야 한다.

《주식 투자의 기술》 p35

The human side of every person is the greatest enemy of the average investor or speculator. Why shouldn't a stock rally after it starts down from a big advance? Of course it will rally from some level. But why hope it is going to rally at just the time you want it to rally? Chances are it won't, and if it does, the vacillating type of speculator may not take advantage of it. What I am trying to make clear to that part of the public which desires to regard speculation as a serious business, and I wish deliberately to reiterate it, is that wishful thinking must be banished; that one cannot be successful by speculating every day or every week; that there are only a few times a year, possibly four or five, when you should allow yourself to make any commitment at all. In the interims you are letting the market shape itself for the next big movement.

누구도 바닥에서 매수하거나 천정에서 매도하기를 기대할 수는 없다. 자신의 판단이 항상 정확하기를 바라서도 안 된다. 중요한 건 결정적인 기회가 왔을 때 정확한 판단을 내려야 한다는 것이다.

가장 진실한 우군

나는 늘 혼자서만 거래해왔다. 버컷샵에서 그렇게 시작했고, 그 이후 쭉 그래왔다. 그건 내가 생각하는 방식이기도 하다. 나는 내 눈으로 바라봐야 했고 내 머리로 생각해야 했다. 하지만 시장이 내가 예측했던 방향으로 움직이기 시작한 다음부터 내 생애 처음으로 우군(友軍)을 가졌다는 느낌이 들었음을 말하고 싶다. 이 세상에서 가장 강력하고도 가장 진실한 우군, 다름아닌 지금 시장을 둘러싼 여건 말이다. 이 우군은 최선을 다해 나를 도와주었다. 때로는 예비군을 모으느라 조금 늦어지기도 했지만 너무 조급하게만 굴지 않는다면 충분히 의지할 수 있는 우군이었다. 시세를 읽어내는 요령이나 육감이 나의 기회와 맞서는 일은 용납하지 않았다. 되돌릴 수 없는 일련의 사건들이 내게 돈을 벌어주고 있었던 것이다.

《제시 리버모어의 회상》 p154

I have always played a lone hand. I began that way in the bucket shops and have kept it up. It is the way my mind works. I have to do my own seeing and my own thinking. But I can tell you after the market began to go my way I felt for the first time in my life that I had allies—the strongest and truest in the world: underlying conditions. They were helping me with all their might. Perhaps they were a trifle slow at times in bringing up the reserves, but they were dependable, provided I did not get too impatient. I was not pitting my tape-reading knack or my hunches against chance. The inexorable logic of events was making money for me.

시장을 둘러싼 상황이야말로 가장 진실한 우군이라는 지적은 정곡을 찌르는 것이다. 내부자 정보나 작전세력 따위는 이런 우군과 비할 바가 못 된다. 상황이 내 편이라면 주변에서 무슨 소리가 들려오든 단호하게 "무소의 뿔처럼 혼자서 가야 한다."

지금은 강세장 아닌가

"나는 내 포지션을 잃을 거라고 말했지. 그리고 자네가 나처럼 나이를 먹고, 내가 그랬던 것처럼 숱한 거품과 패닉을 경험해본다면 알게 될 걸세. 포지션을 잃는다는 건 누구도 감당할 수 없다는 것을 말이지. 존 D. 록펠러조차도 말일세. 주가가 조정 받기를 바라네. 그러면 자네는 이미 상당한 차익을 거둔 자네 물량을 도로 매수할 수 있겠지. 그렇지만 나는 오랜 세월의 경험에 따라서만 거래할 수 있다네. 나는 이 경험을 쌓느라 많은 수업료를 냈어. 또 다시 수업료를 내고 싶지는 않다네. 그러나 자네에게는 내 돈을 맡아주는 은행에게 그런 것처럼 똑같이 신세를 졌다고 생각하네. 알다시피, 지금은 강세장 아닌가."

《제시 리버모어의 회상》 p103

"I said I'd lose my position. And when you are as old as I am and you've been through as many booms and panics as I have, you'll know that to lose your position is something nobody can afford; not even John D. Rockefeller. I hope the stock reacts and that you will be able to repurchase your line at a substantial concession, sir. But I myself can only trade in accordance with the experience of many years. I paid a high price for it and I don't feel like throwing away a second tuition fee. But I am as much obliged to you as if I had the money in the bank. It's a bull market, you know."

"알다시피, 지금은 강세장 아닌가!"는 패트리지 노인의 유명한 말이다. 제시 리버모어는 이 말의 진정한 의미를 깨달았을 때 비로소 진일보한 것 같다고 했다. 패트리지 노인의 말처럼 큰돈은 개별적인 주가 등락이 아니라 시장의 기본적인 주가 흐름을 알아야 벌 수 있다. 그때그때의 주가 변동에 대응하는 게 아니라 전체 시장과 그 추세를 파악해야 한다는 것이다.

시장의 큰 흐름을 타기 위해서는

강세장에서는 강세 시각을 가져야 하고 약세장에서는 약세 시각을 갖는 것이야말로 무엇보다 중요하다. 우습게 들리지 않는가? 하지만 이 말을 실행한다는 게 실은 그 가능성을 기대하는 것이라는 사실을 깨닫기 전까지 나는 이 말을 순전히 일반적인 원칙으로만 이해하고 있었다. 내가 이 말의 진정한 의미에 따라 거래하는 방법을 배우는 데는 오랜 시간이 걸렸다. 그러나 객관적으로 얘기하자면 그때까지 나는 그런 방법으로 투기할 만큼 충분한 규모의 큰돈을 한번도 가져본 적이 없었다는 점을 상기시켜주고 싶다. 시장의 큰 흐름이란 당신의 물량이 클 경우에만 큰돈이 될 수 있고, 큰 물량을 거래하려면 증권회사에 상당한 금액의 잔고를 갖고 있어야 한다.

《제시 리버모어의 회상》 p140

Obviously the thing to do was to be bullish in a bull market and bearish in a bear market. Sounds silly, doesn't it? But I had to grasp that general principle firmly before I saw that to put it into practice really meant to anticipate probabilities. It took me a long time to learn to trade on those lines. But in justice to myself I must remind you that up to then I had never had a big enough stake to speculate that way. A big swing will mean big money if your line is big, and to be able to swing a big line you need a big balance at your broker's.

큰돈은 대세상승이나 대세하락 같은 시장의 큰 흐름에서만 벌 수 있다. 제시 리버모어는 이 점을 깨닫기까지 엄청난 수업료를 지불해야 했다. 그는 이렇게 덧붙인다. "시장의 큰 흐름을 만들어내는 최초의 동인이 무엇이든 중요한 사실은, 큰 흐름이 지속되는 것은 작전 세력의 시세조종이나 금융업자들의 계략 때문이 아니라 기본적인 시장 여건의 변화 때문이라는 점이다. 또한 누가 반대하든 관계없이 시장의 큰 흐름이 얼마나 멀리, 얼마나 빠르게, 얼마나 오랫동안 뻗어갈 것인가는 전적으로 앞으로 끌고 나가는 힘에 달려있다."

로마는 하루아침에 이루어지지 않았다

새로운 시장 흐름이 시작됐는데, 제때 신속하게 들어가지 못하면 그 흐름에서 결코 큰 이익을 얻지 못한다는 점은 경험을 통해 매번 확인하는 것이다. 그 이유는 맨 처음에 이익을 확보하지 못했기 때문이다. 시장 흐름이 다 끝날 때까지 자리를 지키고, 시장 흐름이 완성되는 과정에서 불가피하게 자주 나타나는 작은 조정이나 반등에 흔들리지 않으려면 용기와 인내가 필요하다. 이런 용기와 인내를 가지려면 맨 처음에 이익을 확보하는 게 필수적이다. 참고 기다리다 보면 적절한 시점에 시장이 이제 진입해도 된다는 정확한 정보를 보내오는 것처럼 시장은 언제 시장을 빠져나가야 할지에 대해서도 틀림없이 알려줄 것이다. "로마는 하루아침에 이루어지지 않았다." 마찬가지로 대세상승이나 대세하락 같은 시장의 큰 흐름은 하루나 한 주 만에 끝나지 않는다. 필연적인 과정을 거치려면 어느 정도의 시간이 필요하다. 시장 흐름의 결정적인 부분은 그 움직임의 마지막 48시간 동안 나타난다. 이때를 놓치지 않는 게 무엇보다 중요하다는 점을 명심해야 한다.

《주식 투자의 기술》 p54

It has always been my experience that I never benefited much from a move if I did not get in at somewhere near the beginning of that move. And the reason is that I missed the backlog of profit which is very necessary to provide the courage and patience to sit through a move until the end comes—and to stay through any minor reactions or rallies which were bound to occur from time to time before the movement had completed its course. Just as market in time will give you a positive tip when to get in—if you have patience to wait—they will just as surely give you a tip-off when to get out. "Rome was not built in a day," and no real movement of importance ends in one day or in one week. It takes time for it to run its logical course. It is significant that a large part of a market movement occurs in the last forty-eight hours of a play, and that is the most important time to be in it.

성공 투자의 첫째 덕목은 인내다. 바닷가에서 조류의 흐름을 잘 관찰해보면 끊임없이 밀려 들어왔다가 나가고, 그 사이에는 파도가 잔잔한 휴지기도 있다. 주식시장도 좁게 보면 시시각각 등락을 되풀이하는 것 같지만 넓게 보면 큰 흐름에 따라 움직여가고 있는 것이다.

시장은 단 한 번에 방향을 바꾸지 않는다

또 한 가지 기억할 게 있는데, 시장의 불꽃은 한 차례 화려하게 타오른 다음 정점에 도달하는 게 아니라는 점이다. 마찬가지로 시장의 불꽃이 갑작스러운 한 번의 반전으로 꺼져버리는 것도 아니다. 시장은 주가가 급락하기 훨씬 이전에 강세 흐름을 마감할 수 있고, 실제로 그런 경우를 종종 발견한다. 시장을 주도해왔던 종목들이 하나 둘씩 최고가에서 몇 포인트 조정을 받고-몇 달 만에 처음 있는 경우였다-다시 회복하지 못하는 것을 보자 나는 오랫동안 기다려온 경고음이 울렸음을 느낄 수 있었다. 이들 종목의 주가는 경쟁하듯 떨어지고 있었다. 따라서 나의 트레이딩 전술도 바뀌어야 했다.

《제시 리버모어의 회상》 p273

And there is another thing to remember, and that is that a market does not culminate in one grand blaze of glory. Neither does it end with a sudden reversal of form. A market can and does often cease to be a bull market long before prices generally begin to break. My long expected warning came to me when I noticed that, one after another, those stocks which had been the leaders of the market reacted several points from the top and—for the first time in many months—did not come back. Their race evidently was run, and that clearly necessitated a change in my trading tactics.

관성의 힘은 주식시장에도 영향을 미친다. 시장을 둘러싼 여건이 강세일 때는 전쟁조차도 강세장을 돌려놓지 못하고, 시장 여건이 약세일 때는 그 무엇도 약세장을 막지 못한다. 지혜로운 투자자라면 무엇보다 시장을 둘러싼 여건을 제대로 평가할 줄 알아야 한다.

시장이 방향을 잡고 막 움직이기 시작했을 때

강세장이든 약세장이든 일단 시장이 그 방향으로 움직이기 시작한 다음에는 누구도 그 추세에 당황해 하면 안 된다. 현명한 투기자는 결코 자신이 수집한 사실들을 자신의 이론에 끼워 맞추려 하지 않는다. 열린 마음과 합리적이고 밝은 시야를 지닌 사람에게는 추세가 명확하게 보인다. 이런 사람은 지금이 강세장인지 약세장인지 알 것이고, 아니 알 수밖에 없을 것이다. 그것을 알면 자신이 매수해야 할지 매도해야 할지도 알 것이다. 따라서 매수해야 할지 아니면 매도해야 할지를 알아야 할 시점은 시장이 방향을 잡고 막 움직이기 시작했을 때다.

《제시 리버모어의 회상》 p186

Nobody should be puzzled as to whether a market is a bull or a bear market after it fairly starts. The trend is evident to a man who has an open mind and reasonably clear sight, for it is never wise for a speculator to fit his facts to his theories. Such a man will, or ought to, know whether it is a bull or a bear market, and if he knows that he knows whether to buy or to sell. It is therefore at the very inception of the movement that a man needs to know whether to buy or to sell.

주식시장에서 큰 수익을 올리기 위해서는 대세상승과 대세하락이 처음 시작될 때 뛰어들어야 한다. 노련한 트레이더가 시장을 주시하는 목적은 바로 이런 타이밍을 잡기 위한 것이다.

주식시장에는 단 하나의 시각만 있다

자신이 저지른 온갖 실수에서 얻을 수 있는 가르침 하나하나를 전부 배우는 데는 오랜 시간이 걸린다. 무엇이든 그것을 바라보는 시각은 두 가지가 있다고 한다. 그러나 주식시장에는 오로지 한 가지 시각만 존재한다. 그것은 강세론도 아니고 약세론도 아닌 시장을 정확히 바라보는 눈이다.

《제시 리버모어의 회상》 p56

It takes a man a long time to learn all the lessons of all his mistakes. They say there are two sides to everything. But there is only one side to the stock market; and it is not the bull side or the bear side, but the right side.

시장의 맥락을 무시한 채 강세 혹은 약세 시각만 고집하는 것은 아무 의미도 없다. 제시 리버모어는 이렇게 덧붙인다. "이 기본적인 원칙을 마음속 깊이 새기는 데는 주식 투기라는 게임의 보다 기술적인 요소들을 터득하는 것보다 더 긴 시간이 필요했다."

주가 패턴은 반복된다

오랜 세월 투기에 전념해온 뒤에야 비로소 주식시장에 새로운 일이란 없다는 사실을 깨달을 수 있었다. 주가 움직임이란 단지 반복될 뿐이며, 개별 종목의 경우 다소 상이한 모습이 나타날 수 있지만 주식시장 전체의 주가 패턴은 시간이 흘러도 늘 똑같다.

《주식 투자의 기술》 p86

Many years of my life had been devoted to speculation before it dawned upon me that nothing new was happening in the stock market, that price movements were simply being repeated, that while there was variation in different stocks the general price pattern was the same.

평생을 주식시장과 함께 했던 제시 리버모어가 내린 결론이다. 시장에는 늘 "이번에는 다르다(This time is different)"고 외치는 사람이 있지만 잘 살펴보면 틀림없이 과거에도 그런 일이 있었을 것이다. "이 세상에 새로운 것이란 없다. 미처 읽지 못한 역사가 있을 뿐이다."

시장 전반의 여건을 공부하라

투기라는 게임에서 주가를 읽어내는 기술은 중요한 부분이다. 정확한 시점에 시작하는 것도 중요하다. 자신의 포지션을 고수하는 것도 중요하다. 그러나 내가 발견한 가장 중요한 사실은 반드시 시장 전반의 여건들을 공부해야 한다는 것이었다. 시장 전반의 여건을 확실히 파악해야 그 가능성을 예측해낼 수 있기 때문이다. 한마디로 돈을 벌기 위해서는 노력해야 한다는 점을 배웠던 것이다. 나는 더 이상 맹목적으로 베팅하지 않았고, 투기라는 게임의 기술을 마스터하려고 애쓰지도 않았다. 다만 열심히 공부하고 명료하게 사고함으로써 성공을 거두는 데만 관심을 쏟았다. 또한 누구도 호구처럼 매매하는 위험으로부터 자유롭지 못하다는 사실을 배웠다. 호구처럼 매매하는 사람은 응당 그 대가를 치러야 한다. 수업료를 징수하는 서무 담당자가 당신에게 보낼 고지서를 빠뜨리는 일은 절대 없다.

《제시 리버모어의 회상》 p169

Tape reading was an important part of the game; so was beginning at the right time; so was sticking to your position. But my greatest discovery was that a man must study general conditions, to size them so as to be able to anticipate probabilities. In short, I had learned that I had to work for my money. I was no longer betting blindly or concerned with mastering the technic of the game, but with earning my successes by hard study and clear thinking. I also had found out that nobody was immune from the danger of making sucker plays. And for a sucker play a man gets sucker pay; for the paymaster is on the job and never loses the pay envelope that is coming to you.

정확한 판단을 내렸다면 거기서 최대한 이익을 얻어내야 한다. 그러기 위해서는 노력해야 한다. 투자의 세계에서는 노력하지 않는 자에게 어떤 보수도 주지 않는다. 열심히 공부하지 않으면 시장 전반의 여건을 옳게 읽어낼 수 없기 때문이다.

주가 움직임과 다투지 말라

주가가 어느 방향으로 갈지 오리무중인 채로 좁은 변동폭 안에서 움직이는 시장에서는 다음에 나타날 큰 흐름이 대세상승일지 대세하락일지를 예상하려 애쓰는 것 자체가 무의미하다. 이럴 때 해야 할 일은 시장을 지켜보며, 주가가 오르내리는 제한된 범위를 결정하고, 어느 쪽으로든 주가가 이 제한된 범위를 뚫고 나가기 전까지는 시장에 뛰어들지 않겠다고 단단히 결심하는 것이다. 투기자가 매달려야 할 관심사는 시장에서 돈을 버는 것이지, 주가 움직임이 자기 생각과 맞아야 한다고 주장하는 게 아니다. 절대로 주가 움직임과 다투지 말라. 주가 움직임에 어떤 이유나 설명을 요구하지도 말라. 일이 끝난 뒤에 주식시장을 헤집어봐야 돈 한 푼 나오지 않는다.

《제시 리버모어의 회상》 p191

In a narrow market, when prices are not getting anywhere to speak of but move within a narrow range, there is no sense in trying to anticipate what the next big movement is going to be up or down. The thing to do is to watch the market, read the tape to determine the limits of the get-nowhere prices, and make up your mind that you will not take an interest until the price breaks through the limit in either direction. A speculator must concern himself with making money out of the market and not with insisting that the tape must agree with him. Never argue with it or ask it for reasons or explanations. Stock-market post-mortems don't pay dividends.

주가 움직임을 지켜보면서 시장이 가리켜주는 최소 저항선을 따라 거래하면 된다. 듣기에는 쉬워 보이지만 경계해야 할 것들이 많다. 그 중에서도 가장 경계해야 할 대상은 자기 자신, 즉 인간의 본성이다. 시장이 조금이라도 자기 생각과 다르게 움직이면 조바심하고 흥분하는 것이다. 그래 봐야 나아질 것 하나 없는데도 사람들은 시장을 향해 "틀렸다"고 소리쳐댄다.

시장을 향해 화를 낸다면

내게 단 한 가지 흔들리지 않는 선입관이 있다면 잘못된 판단에 대한 거부감이었다. 소년 시절부터 나는 어떤 사실이든 늘 내가 관찰한 대로 나만의 의미를 찾아냈다. 내가 그 의미를 느낄 수 있는 길은 오로지 그 방법뿐이었다. 누가 나에게 알려주는 것에서는 어떤 사실도 얻어낼 수 없다. 내가 찾아낸 사실이라야 한다. 이해가 되는가? 만일 무엇인가를 믿는다면, 단지 내가 그래야 했기 때문에 믿은 것이라고 생각하면 된다. 내가 주식을 매수해 보유하고 있다면 그건 시장 상황을 읽어본 결과 강세 시각을 갖게 됐기 때문이다. 그러나 자기가 주식을 보유하고 있다는 이유로 강세 시각을 갖게 된 사람들을 많이 볼 수 있을 것이다. 똑똑하다고 알려진 이들도 마찬가지다. 내가 현재 어떤 자산을 보유하고 있으며, 이전에 어떤 자산을 보유했었는지는 나의 사고에 아무런 영향도 미치지 않는다. 내가 절대 주가와 싸우지 않는다고 반복해서 강조하는 이유도 바로 이 때문이다. 시장이 예상치 못했던 방향으로 혹은 전혀 논리적이지 않게 움직이는 바람에 손실을 입었다고 해서 시장을 향해 화를 낸다면 그건 당신이 폐렴에 걸렸다고 해서 허파한테 신경질을 부리는 것과 같다.

《제시 리버모어의 회상》 p138

My one steadfast prejudice is against being wrong. Even as a lad I always got my own meanings out of such facts as I observed. It is the only way in which the meaning reaches me. I cannot get out of facts what somebody tells me to get. They are my facts, don't you see? If I believe something you can be sure it is because I simply must. When I am long of stocks it is because my reading of conditions has made me bullish. But you find many people, reputed to be intelligent, who are bullish because they have stocks. I do not allow my possessions or my prepossessions either to do any thinking for me. That is why I repeat that I never argue with the tape. To be angry at the market because it unexpectedly or even illogically goes against you is like getting mad at your lungs because you have pneumonia.

자기 자신에 대한 믿음만 있다면 틀렸을 때도 그렇게 괴로워할 필요는 없다. 누구도 100% 완벽할 수 없다. 승률이 50%만 넘으면 된다고 생각하는 프로 트레이더들도 많다. 제시 리버모어는 이렇게 덧붙인다. "마음속으로 아쉬워할 때야 있겠지만 나는 결코 주식시장을 향해 화를 내지 않는다. 주가와 다투는 일은 절대로 없다. 시장을 바라보며 괴로워해봐야 나아지는 건 하나도 없다."

참고 기다리면 시장이 신호를 준다

내가 "분기점"이라고 부르는 지점이 있는데, 시장이 이 분기점에 다다를 때까지 인내하며 참고 기다렸다가 거래를 시작했을 때는 항상 돈을 벌었다. 왜 그럴까? 그것은 새로운 주가 움직임이 시작되는 심리적 시점에 딱 맞춰 행동을 개시했기 때문이다. 이런 경우 굳이 걱정할 정도로 손실이 나는 일은 절대 없다. 그건 아주 간단한 이유 덕분이다. 나를 인도해주는 원칙이 그렇게 하라고 말해주면 곧바로 행동에 나서고, 그때부터 비로소 포지션을 늘려나가기 시작하는 것이다. 그 이후에 내가 해야 할 일이란 오로지 가만히 앉아서 시장이 제 갈 길을 가도록 내버려두는 게 전부다. 때가 되면 시장의 움직임이 내게 이익을 실현하라는 신호를 줄 것이라는 사실을 잘 알고 있기 때문이다. 내가 용기와 인내를 갖고 그 신호를 기다릴 때마다 시장은 다양한 방식으로 신호를 보내주었다.

《주식 투자의 기술》 p53

Whenever I have had the patience to wait for the market to arrive at what I call a "Pivotal Point" before I started to trade, I have always made money in my operations. Why? Because I then commenced my play just at the psychological time at the beginning of a move. I never had a loss to worry about for the simple reason that I acted promptly and started to accumulate my line right at the time my guide told me to do so. All I had to do thereafter was just sit tight and let the market run its course, knowing if I did so, the action of the market itself would give me in due time the signal to take my profits. And whenever I had the nerve and the patience to wait for the signal, it invariably did just that.

제시 리버모어는 "인내심을 잃은 채 분기점을 돌파하거나 깨뜨리는 것을 기다리지 못하고 별 생각 없이 손쉽게 이익을 얻으려 했을 때는 자주 돈을 잃었다"고 말한다. 그에게 분기점 연구는 한마디로 "환상적인 황금광(黃金鑛) 탐구"였다.

관찰이야말로 최고의 정보다

어쨌든 나는 직감을 따른 게 아니었다. 아무도 나에게 비밀정보를 주지 않았다. 내가 이익을 거둔 것은 이미 몸에 밴, 상품시장을 대하는 프로의 정신 자세 덕분이었다. 이런 자세는 오랜 세월 투기라는 비즈니스를 하면서 터득한 것이었다. 내 비즈니스는 매매하는 것이기 때문에 나는 연구한다. 내가 정확한 길을 가고 있다고 가격이 말해주는 순간 사업상 해야 할 일은 포지션을 늘리는 것이다. 나는 그렇게 했다. 거기서 해야 할 일은 그게 전부였다. 투기라는 게임에서는 경험을 쌓아야 지속적으로 소득을 올릴 수 있으며, 관찰하는 것이야말로 그 무엇보다 훌륭한 최고의 정보라는 사실을 발견했다. 때로는 특정 종목의 주가 움직임만 알면 다 되는 경우도 있다. 잘 관찰하라. 그러면 평상시의 움직임, 즉 제일 가능성 높은 움직임과는 다르게 변동할 때 어떻게 이익을 얻을 수 있는지 경험이 말해줄 것이다. 예를 들어 모든 주식이 전부 한 방향으로 움직이지는 않지만 같은 업종의 주식은 강세장에서는 다 함께 오르고 약세장에서는 다 함께 내린다는 사실은 누구나 안다. 이건 투기의 상식이다.

《제시 리버모어의 회상》 p327

Now, I didn't follow a hunch. Nobody gave me a tip. It was my habitual or professional mental attitude toward the commodities markets that gave me the profit and that attitude came from my years at this business. I study because my business is to trade. The moment the tape told me that I was on the right track my business duty was to increase my line. I did. That is all there is to it. I have found that experience is apt to be steady dividend payer in this game and that observation gives you the best tips of all. The behavior of a certain stock is all you need at times. You observe it. Then experience shows you how to profit by variations from the usual, that is, from the probable. For example, we know that all stocks do not move one way together but that all the stocks of a group will move up in a bull market and down in a bear market. This is a commonplace of speculation.

미국 메이저리그의 전설적인 강타자였던 요기 베라는 "가만히 지켜보는 것만으로도 많은 것을 알 수 있다"는 유명한 말을 남겼다. 주식 투자자들 역시 시장에 귀 기울이고, 시장을 잘 관찰하면 어떤 비밀정보보다 더 많은 것을 얻을 수 있다.

지식이 있어야 일어설 수 있다

내부자들은 강제로라도 공매도 물량을 정리하도록 만들고 싶었겠지만 내가 납득할 만한 근거를 내놓지 못하고 있었다. 기본적인 시장 여건은 나에게 유리하게 돌아갔다. 두려워하지 않고 참고 견디는 것은 전혀 어렵지 않았다. 투기자는 모름지기 자기 자신과 자기가 내린 판단에 믿음을 갖고 있어야 한다. 뉴욕면화거래소 이사장을 지냈고, 《예술로서의 투기》라는 저서로 유명한 고 딕슨 G 와츠는 이렇게 말했다. 투기자에게 용기란 단지 자기가 마음 먹은 것을 행동으로 옮길 수 있는 신념이라고 말이다. 나는 틀린 것으로 판명 날 때까지는 절대로 내가 틀렸다고 생각하지 않기 때문에 틀렸을지 모른다는 두려움은 전혀 갖지 않는다. 사실 기분이 편치 않을 때는 경험을 제대로 활용하지 못하는 경우다. 어느 시점에 시장이 어떻게 움직인다고 해서 반드시 내가 틀렸다는 것은 아니다. 내가 취한 시장 포지션이 옳은지 그른지 결정하는 것은 상승세 혹은 하락세의 성격이다. 지식이 있어야 비로소 일어설 수 있다. 내가 주저앉는다면 그건 틀림없이 나 자신의 실수 때문일 것이다.

《제시 리버모어의 회상》 p344

The insiders might desire to force me to cover but they adduced no convincing arguments. Fundamental conditions were fighting for me. It was not difficult to be both fearless and patient. A speculator must have faith in himself and in his judgment. The late Dickson G. Watts, ex-President of the New York Cotton Exchange and famous author of 《Speculation as a Fine Art》, says that courage in a speculator is merely confidence to act on the decision of his mind. With me, I cannot fear to be wrong because I never think I am wrong until I am proven wrong. In fact, I am uncomfortable unless I am capitalizing my experience. The course of the market at a given time does not necessarily prove me wrong. It is the character of the advance or of the decline that determines for me the correctness or the fallacy of my market position. I can only rise by knowledge. If I fall it must be by my own blunders.

투자자에게 돈이 많다는 것은 단지 기회가 왔을 때 마음껏 거래할 자금을 확보했다는 의미일 뿐이다. 정보가 많다는 것은 시장을 그만큼 열심히 관찰했다는 의미다. 그러나 무엇보다 중요한 것은 시장에 대한 지식이다. 현 시점에서 어떤 행동을 할 것인가를 결정짓는 것은 다름아닌 경험에서 우러난 지식이기 때문이다.

나는 시장을 공격하지 않는다

나는 절대 시장을 공격하지 않습니다. 그럴 필요가 없지요. 많은 사람들이 갑자기 주가가 10포인트 올랐으니 팔아야 한다고 생각할 때, 혹은 많은 내부자들이 더 이상 대중들이 소화할 수 없을 만큼 주식을 처분할 때, 아니면 주식중개인들이 차입금을 갚아야 할 때 시장은 스스로 공격합니다. 하지만 사람들은 그게 약세 투기자들 때문이라고 비난하지요. 사실 약세장은 100% 합리적인 것입니다. 시세조종이나 불법적인 사기 같은 게 없어도 약세장은 시작되고, 그냥 가만히 놔둬도 약세장은 계속 이어집니다. 누구도, 아니 어떤 집단도 매일같이 시장을 후려칠 수 없습니다. 내가 시장을 공격했다고 합시다. 하지만 그게 나한테 무슨 도움이 될까요? 만일 약세장이 아니라면 주가는 그냥 떨어지지 않을 겁니다. 만일 약세장이라면 내가 공격할 필요도 없겠지요. 그렇지 않습니까?

《원전으로 읽는 제시 리버모어의 회상》 p29

I never raid the market. It would be useless. The market raid itself when a lot of people suddenly discover that they ought to have sold out ten points higher, or when a lot of insiders dispose of stocks they couldn't land the public with, or when brokers have loans called on them. But they always blame it on the bears. As a matter of fact a bear market is 100 per cent legitimate. It begins without the need of manipulation or thimblerigging, and it continues without having to be nursed. No man or set of men can smash a market day after day. I might raid the market once. But what good would that do me? It won't stay down if it isn't a bear market; and if it is a bear market I don't have to raid it, do I?

에드윈 르페브르가 제시 리버모어를 만나 처음으로 물어본 질문에 대한 답이다. 당시 사람들은 주식시장의 약세가 리버모어의 매도 공세 탓이라고 말하고 있었다. 르페브르가 그의 매도 공세가 맞느냐고 묻자, 리버모어는 상기된 표정으로 이렇게 대답한 것이다.

작전세력과 큰손 내부자들을 내편으로 만들라

나는 억지로 시장이 나한테 유리하게 돌아가도록 하지 않습니다. 나는 대중들이, 또 작전세력과 큰손 내부자들이 나에게 유리한 흐름을 만들어 주기를 바랍니다. 그것도 거래가 아주 활발한 대형주에서 말이지요. 그들이 어떻게 행동하고 있으며, 그 목적이 무엇인지 정확히 포착함으로써 나는 굳이 인위적으로 시장을 움직이지 않고도 마음껏 거래할 수 있는 겁니다. 나는 그런 식으로 그들을 내편으로 삼은 다음 계속 그들과 함께하다가, 그들이 거래를 정리하려는 조짐이 감지되면 그건 나도 같은 행동을 하라는 신호라고 받아들이는 겁니다.

《Wall Street Ventures & Adventures Through Forty Years》

I do not try to force the market my way. I want the public, the pools and the big insiders to make the moves, especially in the big active stocks, so that by accurately observing their moves and their purposes, I can operate without producing any artificial appearance in the market by my own dealings. In that way I have them working for me and I can go right along with them until I see signs of their cleaning up, which is the signal for me to do likewise.

제시 리버모어가 얼마나 노련한 트레이더인지 분명하게 보여주는 대목이다. 억지로 시장의 흐름을 만들 필요는 없다. 그저 순응하면 된다. 역풍을 맞으며 나아가려는 것이 무모한 짓인 것처럼 인위적으로 시장을 끌고 가려는 것 역시 위험한 일이다.

시장의 경고음에 귀를 기울이라

모두가 알고 있듯이 나 역시 상승장에는 반드시 끝이 있다는 점을 잊지 않았고, 경고 신호가 나타나기를 주의 깊게 지켜보고 있었다. 나는 어디서 비밀정보가 나오는지 전혀 신경 쓰지 않았으므로 굳이 한 곳만 바라보지 않았다. 나는 시장의 한 측면 혹은 다른 측면에 끝까지 매달리지 않았고, 그렇게 집착한 적은 단 한 번도 없었던 것 같다. 강세장 덕분에 돈을 더 벌었다거나 약세장에서 특히 돈 벌기가 용이했다고 해서, 뻔히 빠져나가라는 경고음이 울린 다음에도 강세론이나 약세론에 매달려야 할 필요는 없다고 생각한다. 누구도 강세론 혹은 약세론에 영원한 충성을 맹세해서는 안 된다. 중요한 것은 얼마나 정확한 판단을 하느냐다.

《제시 리버모어의 회상》 p273

I knew, as everybody did, that there must be an end, and I was on the watch for warning signals. I wasn't particularly interested in guessing from which quarter the tip would come and so I didn't stare at just one spot. I was not, and I never have felt that I was, wedded indissolubly to one or the other side of the market. That a bull market has added to my bank account or a bear market has been particularly generous I do not consider sufficient reason for sticking to the bull or the bear side after I receive the get-out warning. A man does not swear eternal allegiance to either the bull or the bear side. His concern lies with being right.

강세장이든 약세장이든 언젠가는 끝나게 마련이다. 제시 리버모어는 이렇게 덧붙인다. "나는 1916년 한 해 동안 300만 달러를 벌었다. 강세장이 지속되는 기간에는 강세 시각을 유지했고, 약세장이 시작되면 약세 시각을 가졌던 덕분이다. 죽음이 갈라놓을 때까지 오로지 시장의 한 쪽 하고만 함께 하겠다고 결혼 서약을 하는 것은 절대 금물이다."

노련한 트레이더라면

강세장에서 나타나는 주가의 흐름은 당연히 모든 종목에 걸친 뚜렷한 상승세다. 따라서 어떤 주식이 시장 전반의 흐름과 거꾸로 가는 모습을 보이면 그 종목에 뭔가 잘못된 게 있다고 추론할 수 있다. 노련한 트레이더라면 이것만 보고도 뭔가 잘못됐음을 알아챌 수 있을 것이다. 노련한 트레이더는 틀림없이 주가 테이프가 일일이 가르쳐주기를 기대하지 않을 것이다. 그가 하는 일이란 주가 테이프가 "빠져나가!"라고 외치는 소리를 듣는 것이지, 주가 테이프가 이제 빠져나가도 문제 없을 것이라고 승인해줄 때까지 기다리는 게 아니기 때문이다.

《제시 리버모어의 회상》 p274

In a bull market the trend of prices, of course, is decidedly and definitely upward. Therefore whenever a stock goes against the general trend you are justified in assuming that there is something wrong with that particular stock. It is enough for the experienced trader to perceive that something is wrong. He must not expect the tape to become a lecturer. His job is to listen for it to say "Get out!" and not wait for it to submit a legal brief for approval.

주식시장을 주의 깊게 관찰하면 열 번 가운데 아홉 번은 경고 신호를 읽을 수 있다. 물론 경고음이 울리면 즉각 움직여야 한다. 화재경보가 울리면 일단 몸을 피해야지 이것저것 가재도구를 챙겨서는 안 된다.

전부 다 알 필요는 없다

누구나 다 알고 있듯이 주가는 끊임없이 오르내린다. 지금까지 늘 그래왔고 앞으로도 계속 그럴 것이다. 대세상승이나 대세하락 같은 큰 주가 흐름의 이면에는 거역할 수 없는 힘이 존재한다는 것이 내 지론이다. 이것만 알고 있으면 충분하다. 주가 흐름을 만들어내는 갖가지 이유를 전부 다 알고 싶어하는 것은 바람직하지 않다. 쓸데없는 것들로 인해 괜히 머리만 복잡해질 수 있다. 큰 주가 흐름이 만들어졌다는 사실을 인식하고, 이 흐름에서 이익을 얻을 수 있도록 조류를 따라 자신의 "투기 호"를 항해해가면 된다. 시장을 둘러싼 여건과 다투지 말라. 그리고 무엇보다 현재 여건을 억지로 없애려 해서는 절대 안 된다.

《주식 투자의 기술》 p39

We know that prices move up and down. They always have and they always will. My theory is that behind these major movements is an irresistible force. That is all one needs to know. It is not well to be too curious about all the reasons behind price movements. You risk the danger of clouding your mind with non-essentials. Just recognize that the movement is there and take advantage of it by steering your speculative ship along with the tide. Do not argue with the condition, and most of all, do not try to combat it.

주식시장이 의미 없이 움직이는 경우는 없다. 다만 때로는 움직이고 난 뒤 한참이 지나서야 비로소 그 의미가 밝혀지기도 하고, 심지어 영원히 그 의미가 드러나지 않을 때도 있다. 중요한 것은 그 흐름을 타는 것이다. 그 이유를 알 수 없다고 해서 시장의 흐름에 맞서서는 안 된다.

진실은 금방 알려지지 않는다

대중들은 늘 주식 트레이딩의 근본원리를 명심하고 있어야 한다. 어떤 주식의 주가가 올라갈 때는 왜 주가가 올라가는가만 알면 됐지 아주 정교한 설명은 필요 없다. 주가가 계속해서 올라가려면 지속적인 매수가 따라야 한다. 이따금 약간의 자연스러운 조정을 동반하며 꾸준히 상승하는 한 이 주식을 계속 들고 가는 게 아주 안전하다고 할 수 있다. 그러나 오랫동안 상승한 뒤 방향을 틀어 점점 하락하기 시작하면, 가끔씩 작은 반등이 있다고는 해도, 그건 최소 저항선이 오름세에서 내림세로 바뀐 게 틀림없다. 이런 경우 왜 꼭 그 설명을 구해야 할까? 주가가 하락한 데는 그럴만한 충분한 이유가 있겠지만, 이런 이유는 몇몇 사람들만 알고 있다. 이들은 그 이유를 자기들끼리만 알고 있거나, 대중들에게 현재 주가는 아주 싼 편이라고 설명한다. 투기라는 게임의 속성상 진실은 그것을 알고 있는 소수의 입에서는 절대 나오지 않는다는 것을 깨달아야 한다.

《제시 리버모어의 회상》 p444

The public ought always to keep in mind the elementals of stock trading. When a stock is going up no elaborate explanation is needed as to why it is going up. It takes continuous to buying to make a stock keep on going up. As long as it does so, with only small and natural reactions from time to time, it is a pretty safe proposition to trail along with it. But if after a long steady rise a stock turns and gradually begins to go down, with only occasional small rallies, it is obvious that the line of least resistance has changed from upward to downward. Such being the case why should any one ask for explanations? There are probably very good reasons why it should go down, but these reasons are known only to a few people who either keep those reasons to themselves, or else actually tell the public that the stock is cheap. The nature of the game as it is played is such that the public should realise that the truth cannot be told by the few who know.

주식시장은 단순히 모든 사람들이 알고 있는 것에 따라 움직이는 게 아니다. 시장은 최고의 정보를 갖고 있는 사람이 예상할 수 있는 것에 따라 움직인다. 주식시장의 모든 움직임은 미래의 어느 시점에야 설명이 가능하다.

시간이라는 자물쇠

지난 여러 해 동안 나는 부족한 경험과 젊은 나이의 무분별함, 충분치 못한 자본이 한데 어우러져 가져다 준 불운을 감수해야 했다. 하지만 이제 나는 신대륙 발견자가 가지는 의기양양한 기분을 느낄 수 있었다. 투기라는 게임을 대하는 새로운 자세를 통해 왜 내가 뉴욕에서 큰돈을 벌려다 계속해서 실패했는지 알 수 있었다. 그런데 이번에는 적절한 자본과 경험, 자신감까지 갖고 있었지만, 새로운 열쇠를 사용하기 위해 너무 서두르다 보니 그 문에는 또 다른 자물쇠, 다름아닌 시간이라는 자물쇠가 채워져 있다는 사실을 미처 알아차리지 못했던 것이다! 완벽할 정도로 못 본 채 그냥 넘어갔던 것이다. 나는 늘 치러왔던 수업료를 내야 했다. 한 걸음 앞으로 내디딜 때마다 가해지는 뼈아픈 채찍질이었다.

《제시 리버모어의 회상》 p142

For years I had been the victim of an unfortunate combination of inexperience, youth and insufficient capital. But now I felt the elation of a discoverer. My new attitude toward the game explained my repeated failures to make big money in New York. But now with adequate resources, experience and confidence, I was in such a hurry to try the new key that I did not notice that there was another lock on the door—a time lock! It was a perfectly natural oversight. I had to pay the usual tuition a good whack per each step forward.

누구든 똑바로 분명하게 볼 수는 있지만 시장이 그가 생각한 대로 움직이기 위해서는 불가피하게 시간이 걸린다. 수많은 투자자들이 이걸 참지 못하고 의심하다가 귀중한 돈을 날리는 것이다. 시장이 이들을 이기는 것이 아니다. 이들 스스로 무너지는 것이다. 머리는 갖고 있으나 진득하게 참지를 못하기 때문이다. 성급한 매매는 치명적일 수 있다.

내부자가 알려주는 신호

나는 뉴스에 따라 매도한 게 아니었다. 나는 이미 한참 전에 주가의 움직임에 따라 매도했다. 내가 이 주식에 관심을 가졌던 것은 철학적인 이유에서가 아니었다. 나는 트레이더고, 따라서 한 가지 신호에 주목한다. 내부자 매수가 그것이다. 그런데 전혀 없었다. 자기 회사 주가가 떨어지는데도 왜 내부자들이 자사주를 사지 않는지 그 이유까지 알 필요는 없었다. 이들의 시장 조성 시나리오에 주가를 끌어올리는 작전은 포함돼 있지 않다는 점만 알면 충분했다. 이것만 알면 마음 놓고 이 주식을 공매도할 수 있었다. 대중들은 이미 50만 주 가까이 매수했다. 이제 가능한 유일한 주식 거래는 오로지 손실을 줄이기 위해 매도하려는 무지한 외부자들이, 돈을 벌겠다는 일념으로 매수에 나설 무지한 외부자들에게 주식을 넘기는 것뿐이었다.

《제시 리버모어의 회상》 p333

I myself didn't sell on the news. I had sold long before, on the stock's behaviour. My concern with it was not philosophical. I am a trader and therefore looked for one sign: Inside buying. There wasn't any. I didn't have to know why the insiders did not think enough of their own stock to buy it on the decline. It was enough that their market plans plainly did not include further manipulation for the rise. That made it a cinch to sell the stock short. The public had bought almost a half million shares and the only change in ownership possible was from one set of ignorant outsiders who would sell in the hope of stopping losses to another set of ignorant outsiders who might buy in the hope of making money.

내부자가 개별 종목의 주가를 좌우하는 것은 아니다. 그러나 주식시장이 기업 경기에 따라 움직이듯 영업실적을 비롯한 기업 내부 요인이 개별 종목의 주가에 영향을 미치고, 내부자들은 이런 변화를 먼저 알 수 있는 위치에 있다. 따라서 주가가 급락했는데도 내부자들이 잠자코 있다면 거기에는 그럴 만한 이유가 있다고 추론할 수 있는 것이다.

상품시장의 매력

장기적으로 상품 가격은 딱 한 가지 법칙에 따라 결정된다. 수요와 공급의 법칙이다. 상품시장에서 트레이더가 하는 일은 간단하다. 현재와 미래의 수요와 공급에 관한 사실들을 수집하는 것이다. 주식시장처럼 열 가지가 넘는 것들을 예측하느라 고생할 필요가 없다. 그런 점에서 상품 거래는 늘 매력적으로 다가왔다.

《제시 리버모어의 회상》 p184

In the long run commodity prices are governed but by one law—the economic law of demand and supply. The business of the trader in commodities is simply to get facts about the demand and the supply, present and prospective. He does not indulge in guesses about a dozen things as he does in stocks. It always appealed to me trading in commodities.

상품시장에서는 내부 거래자들을 경계할 필요도 없고, 갑자기 무상증자를 한다거나 하룻밤 사이에 파산을 선언하는 일도 없다. 면화 시장이든 밀 시장이든 옥수수 시장이든 오로지 수요와 공급의 법칙만 따져보면 된다.

주가와 최소 저항선

알다시피 주가는 어떤 저항에 부딪치느냐에 따라 위로 올라가거나 아래로 떨어진다. 주가 역시 다른 모든 것들과 마찬가지로 최소 저항선을 따라 움직인다는 말이다. 주가란 어느 방향이 됐든 가장 쉬운 쪽으로 움직일 것이다. 내려가는 쪽보다 올라가는 쪽의 저항이 적다면 올라갈 것이고, 그 역도 성립한다.

《제시 리버모어의 회상》 p185

Prices, we know, will move either up or down according to the resistance they encounter. For purposes of easy explanation we will say that prices, like everything else, move along the line of least resistance. They will do whatever comes easiest, therefore they will go up if there is less resistance to an advance than to a decline; and vice versa.

우리가 시장을 지켜보는 목적, 즉 주가나 상품 가격의 추이를 주시하는 목적은 딱 한 가지다. 시장의 방향, 즉 가격이 어떤 경향을 띠는지 알아내기 위해서다.

공매도와 주가 하락

어떤 주식에 대해 공매도 공세를 취하면 사람들은 그런 공세가 부당하며 범죄에 가까운 행위라고 생각한다. 그러나 어떤 주식을 실제 가치보다 훨씬 낮은 가격으로 끌어내리는 것은 상당히 위험한 일이다. 이 점을 명심해야 한다. 공매도 공세를 당한 주식이 반등에 실패한다면, 그건 내부자 매수가 그리 많지 않다는 말이다. 반면 공매도가 있었는데, 그게 정말로 부당한 공세였다면 대개는 내부자 매수가 일어난다. 그렇게 되면 주가는 공매도로 인해 떨어진 가격에 그냥 머물러 있지 않는다. 분명히 알아둬야 할 점은, 소위 말하는 공매도 공세가 100번 벌어지면 이 중 99번은 사실 합법적인 주가 하락이라는 것이다. 때로는 공매도로 인해 주가 하락이 가속화하기도 하지만, 기본적으로는 프로 트레이더가 제아무리 많은 물량을 매매한다 해도 그의 공세 때문에 그런 게 아니다.

《제시 리버모어의 회상》 p293

When people speak about raids the inference is that the raids are unjustified; almost criminal. But selling a stock down to a price much below what it is worth is mighty dangerous business. It is well to bear in mind that a raided stock that fails to rally is not getting much inside buying and where there is a raid—that is unjustified short selling—there is usually apt to be inside buying; and when there is that, the price does not stay down. I should say that in ninety-nine cases out of a hundred, so-called raids are really legitimate declines, accelerated at times but not primarily caused by the operations of a professional trader, however big a line he may be able to swing.

주식시장의 움직임은 상대적이다. 매도자가 있으면 매수자가 있게 마련이다. 어떤 시세조종도 계속해서 주가를 떨어뜨려 낮은 상태로 유지시킬 수는 없다. 공매도로 수익을 노리는 세력이 있으면 그 반대편에는 매집으로 수익을 챙기려는 세력도 있을 것이다. 30초만 생각해보면 쉽게 알 수 있는 사실인데도 주가하락을 공매도 탓이라고 몰아세우는 것은 사람들이 희생양을 찾고 싶어하기 때문이다.

약세 투기자가 주가를 떨어뜨리는 게 아니다

확실히 알아두어야 할 게 한 가지 있다. 주가가 꾸준히 계속 하락하는 이유는 절대 약세 투기자들의 공세 때문이 아니다. 주가가 계속해서 떨어지면 그 주식에 뭔가 잘못된 게 있다고 봐도 좋다. 그 주식의 수급에 문제가 있거나 회사에 문제가 있다는 말이다. 만일 주가 하락이 비정상적이라면 주가가 실제 가치 아래로 떨어질 경우 매수세를 촉발해 하락세를 멈추게 만들 것이다. 사실 약세 투기자가 어떤 주식을 팔아 큰돈을 벌 수 있는 시기는 오로지 그 주식의 주가가 과도하게 높을 때뿐이다.

《제시 리버모어의 회상》 p434

The public ought to grasp firmly this one point: That the real reason for a protracted decline is never bear raiding. When a stock keeps on going down you can bet there is something wrong with it, either with the market for it or with the company. If the decline were unjustified the stock would soon sell below its real value and that would bring in buying that would check the decline. As a matter of fact, the only time a bear can make big money selling a stock is when that stock is too high.

제시 리버모어는 "어떤 종목의 주가도 약세 투기자들의 공세로 인해 그렇게 과도하게 떨어진 경우는 단 한 번도 본 적이 없다"고 지적했다. 약세 투기자들이 공격할 수 있는 것은 현재의 시장 상황에 대해 정확히 판단했기 때문이다. 약세 투기자들은 공매도를 했기 때문에 약세 시각을 가진 게 아니다. 그들이 약세 시각을 가진 이유는 그것이 정확한 방향이기 때문이다. 그들은 약세 시각으로 돌아선 다음에야 비로소 공매도를 했을 것이다.

매수가 공매도보다 더 매력적

나는 개인적으로 매수 쪽으로 투기하는 것을 더 선호합니다. 그게 더 건설적이기도 하고, 주가가 오르면 다른 사람들과 다 함께 수익을 나눌 수 있다는 점에서 훨씬 더 매력적이지요. 대중들은 쉽사리 공매도에 나서지 않습니다. 무엇보다 낙관적인 입장을 갖는 게 더 편하기 때문입니다. 장밋빛 미래는 믿을수록 즐거워지고 그래서 더 믿게 되는 거지요. 그 다음으로는 앞서도 말했듯이 은행가든 호구든 모두가 강세장을 끌어올립니다. 강세론자들의 부정한 행위나 내부자들이 자기 회사와 관련해 거짓 발표를 하는 행위에 대해서는 아무도 얘기하지 않지요. 강세를 부추기는 정보들은 대개가 익명의 제공자에게서 나오지요. 만일 신문에서 강세를 뒷받침하는 재료는 반드시 실명으로 된 것만 보도한다면 대중들이 입는 손실은 크게 줄어들 겁니다. 책임을 분명히 해야지요. 그러나 약세 투기자들이 주가 하락의 진짜 이유라고는 얘기하지 말아주세요.

《원전으로 읽는 제시 리버모어의 회상》 p29

Personally I'd rather play on the long side. It is constructive, and it is much nicer to share your prosperity with others. The public does not take kindly to short selling. For one thing, it is easier to be optimistic, to believe what it pleases a man to believe. And then, as I said, everybody boosts a bull market, bankers and suckers alike. Nobody speaks about the misdeeds of the bulls or the misstatements of insiders about their companies. Bull tips are mostly anonymous. I have an idea that if the papers published only signed bull dope there would be much less money lost by the public. Fix the responsibility. But don't talk about bear raids as though they really were the cause of the declines.

월스트리트의 전설적인 승부사들 대다수가 그랬던 것처럼 제시 리버모어 역시 약세장에서 과감히 공매도해 큰돈을 벌었다. 그러나 그건 어디까지나 약세장에서 더 많은 기회를 잡았기 때문이다. 그는 강조한다. "주식시장에는 한 가지 시각만 존재한다. 그건 약세 시각도 아니고 강세 시각도 아닌 정확한 시각이다."

예상할 수 없는 위험

내가 마음껏 커피 선물을 매수했던 이유는 도저히 손해를 볼래야 볼 수 없었기 때문이다. 모든 상황이 나에게 유리했다. 나는 1년을 기다려야 했지만, 이제 그 기다림과 정확한 판단에 대한 보상을 받을 차례였다. 수익이 다가오는 게 보였다. 그것도 아주 빨리. 이건 내가 영리해서가 아니었다. 단지 눈을 감고 있지만 않으면 훤히 보이는 것이었다. 수백만 달러의 수익이 확실하게, 그것도 아주 빨리 다가오고 있었다! 그런데 끝내 내 손에는 닿지 않았다. 그렇다고 해서 상황이 갑자기 변해 옆으로 비켜간 건 아니었다. 시장이 180도 돌변하는 일이 벌어진 것도 아니었다. 커피가 미국으로 대량 유입된 것도 아니었다. 대체 무슨 일이 벌어졌던 것일까? 도저히 예상할 수 없는 일이었다! 누구도 지금껏 경험해보지 못한 일이었다. 따라서 나 역시 아무런 대책도 세워둘 필요가 없었던 일이 벌어졌던 것이다. 나는 항상 지니고 다니는, 투기의 숱한 위험들을 기록해둔 리스트에 새로 하나를 추가했다.

《제시 리버모어의 회상》 p288

The reason I bought options so freely was because I couldn't see how I could lose. Conditions were in my favor. I had been made to wait a year, but now I was going to be paid both for my waiting and for being right. I could see the profit coming fast. There wasn't any cleverness about it. It was simply that I wasn't blind. Coming sure and fast, that profit of millions! But it never reached me. No, it wasn't side-tracked by a sudden change in conditions. The market did not experience an abrupt reversal of form. Coffee did not pour into the country. What happened? The unexpectable! What had never happened in anybody's experience; what I therefore had no reason to guard against. I added a new one to the long list of hazards of speculation that I must always keep before me.

제시 리버모어는 1917년 커피 공급의 부족을 예상하고 커피 선물을 대규모로 매수했으나 전시산업국의 가격 통제로 인해 큰 손실을 입었다. 그는 당시의 경험에 대해 이렇게 덧붙였다. "투기 거래에서는 어떤 것도 100% 확신할 수 없다. 지금까지 이야기한 경험은 내 투기 위험 리스트의 〈예기치 못한 것들〉 항목에 예상할 수 없는 위험으로 추가됐다."

주식시장과 노블레스 오블리주

손실을 봐도 마음이 아프지 않을 때가 있다. "그렇게 되지 않았을 수도 있었을 것"하는 가슴저린 기억만 없으면 된다. 내가 차분히 생각할 수 없었던 게 바로 이런 이유 때문이었고, 그래서 더 마음이 어지러웠다. 투기자가 빠져들기 쉬운 약점은 거의 헤아릴 수 없이 많다는 점을 나는 잘 알고 있다. 내가 댄 윌리엄슨의 회사에서 했던 행동은 인간으로서 적절한 행동이었다. 그러나 어떤 생각에 사로잡혀 나 스스로 자기 자신의 판단에 반하는 행동을 하도록 한 것은 투기자로서 부적절할 뿐만 아니라 현명하지 못한 처사였다. 특별한 권한에는 그만한 책임이 따른다는 노블레스 오블리주는 주식시장에서는 통하지 않는다. 주가 테이프는 기사도 정신을 중시하지 않을뿐더러 그것에 충실하다고 해서 어떤 보상도 해주지 않기 때문이다. 지금 되돌아보면 달리 어떻게 행동할 수 없었을 것 같다. 단지 주식시장에서 거래하고 싶었다는 이유만으로도 나는 다른 선택을 하지 못했을 것이다. 그러나 사업은 언제나 사업일 뿐이다. 투기자로서의 내 사업은 늘 나 자신의 판단에 모든 것을 걸어야 하는 것이다.

《제시 리버모어의 회상》 p257

It isn't uncomfortable to lose when the loss is not accompanied by a poignant vision of what might have been. That was precisely what I could not keep my mind from dwelling on, and of course it unsettled me further. I learned that the weaknesses to which a speculator is prone are almost numberless. It was proper for me as a man to act the way I did in Dan Williamson's office, but it was improper and unwise for me as a speculator to allow myself to be influenced by any consideration to act against my own judgment. Noblesse oblige, but not in the stock market, because the tape is not chivalrous and moreover does not reward loyalty. I realise that I couldn't have acted differently. I couldn't make myself over just because I wished to trade in the stock market. But business is business always, and my business as a speculator is to back my own judgment always.

주식 투기자로서 온갖 일을 다 당해본 제시 리버모어조차 이때의 경험은 "가장 안타깝고 참 인상 깊었던 경우로 늘 뇌리 속에 남아있다"고 회고한다. 그는 교훈을 얻었지만 그 대가는 너무나도 값비쌌다. 주식시장은 사교와 친목의 장이 아니다. 당연히 노블레스 오블리주도 통하지 않는 곳이다.

주식시장은 절대로 고분고분하지 않다

주식시장에서 돈을 벌어 자동차를 사겠다고, 팔찌 혹은 모터보트, 그림 살 돈을 마련하겠다고 덤벼들었다가 돈을 날려보지 않은 사람은 월스트리트에 단 한 명도 없다. 인색하기 짝이 없는 주식시장이 지급하기를 거절한 생일선물 값을 다 합치면 어마어마한 자선시설을 세울 수 있을 것이다. 사실 주식시장을 너그러운 독지가처럼 만들겠다는 다짐만큼 월스트리트에서 가장 빈번하게 볼 수 있고, 또 제일 없어지지도 않는 악운은 없을 것이라는 게 내 생각이다. 충분히 입증된 악운들이 다 그렇듯 이것도 그럴만한 이유를 갖고 있다. 갑자기 돈이 필요해 주식시장에서 이 돈을 벌겠다고 마음먹은 사람은 어떻게 하는가? 당연히 그는 바라기만 한다. 그는 도박을 한다. 그러다 보니 현명하게 투기를 했다면, 즉 현재의 상황을 냉정하게 분석해 논리적으로 얻어낸 의견이나 믿음에 근거해 투기를 했다면 부담했을 리스크보다 훨씬 더 큰 리스크를 감수하는 것이다. 처음부터 그는 당장 손에 쥘 수 있는 이익을 쫓는다. 그는 기다릴 여유가 없다. 일단 시작했다 하면 시장이 그의 말을 잘 따라야 하는 것이다.

《제시 리버모어의 회상》 p240

There isn't a man in Wall Street who has not lost money trying to make the market pay for an automobile or a bracelet or a motor boat or a painting. I could build a huge hospital with the birthday presents that the tight-fisted stock market has refused to pay for. In fact, of all hoodoos in Wall Street I think the resolve to induce the stock market to act as a fairy godmother is the busiest and most persistent. Like all well-authenticated hoodoos this has its reason for being. What does a man do when he sets out to make the stock market pay for a sudden need? Why, he merely hopes. He gambles. He therefore runs much greater risks than he would if he were speculating intelligently, in accordance with opinions or beliefs logically arrived at after a dispassionate study of underlying conditions. To begin with, he is after an immediate profit. He cannot afford to wait. The market must be nice to him at once if at all.

주식시장에서 돈을 벌어 필요한 돈을 충당하겠다는 바람이야말로 월스트리트에서 돈을 잃는 가장 흔한 이유 가운데 하나다. 꼭 그렇게 해야겠다고 고집을 부린다면 결국 자기가 가진 전 재산을 다 날리게 될 것이다.

누구도 주식시장을 이길 수 없다

누구든 특정 시점에 어느 종목 혹은 어떤 업종 주식을 거래해 돈을 벌 수는 있지만, 살아있는 사람이라면 아무도 주식시장을 이길 수 없다! 누구든 곡물이나 면화 선물을 거래해 돈을 벌 수는 있지만, 절대 누구도 곡물시장이나 면화시장을 이길 수는 없다. 이건 경마와 마찬가지다. 누구나 경마 경주에서 한 번 돈을 딸 수는 있지만, 아무도 경마 경주에서 계속해서 돈을 딸 수는 없다.

《제시 리버모어의 회상》 p200

A man may beat a stock or a group at a certain time, but no man living can beat the stock market! A man may make money out of individual deals in cotton or grain, but no man can beat the cotton market or the grain market. It's like the track. A man may beat a horse race, but he cannot beat horse racing.

열네 살 때부터 줄곧 투기라는 게임만 해온 제시 리버모어가 평생에 걸쳐 꾸준히 트레이딩을 한 결과 내린 결론이다. 그는 이렇게 덧붙인다. "그런데도 수많은 사람들이 시장을 이기려고 발버둥치고, 심지어 자기가 시장을 이기는 비법을 갖고 있다고 선전하는가 하면, 아직도 이런 말을 믿는 호구들이 즐비하다는 건 정말 놀라울 따름이다."

제2부

인간에 대하여
ON HUMAN

HEART *of* SPECULATION
JESSE LIVERMORE QUOTES

투기자의 가장 큰 적, 희망과 두려움

투기자의 가장 큰 적은 늘 자기 내부에서 튀어나온다. 희망과 두려움은 따로 떼어놓을 수 없는 인간의 본성이다. 시장이 자신의 생각과 반대로 움직이면 하루하루가 마지막 날이기를 하고 바란다. 이 희망은 크든 작든 제국을 건설한 인물과 개척자들에게는 위대한 성공의 견인차가 되어주는 동맹군이지만, 투기라는 게임에서는 차라리 귀 기울이지 않았더라면 입었을 손실보다 더 큰 상처를 준다. 또한 시장이 자신의 예상대로 움직이면 다음날 평가이익이 사라져버릴까 두려워한다. 결국 너무 빨리 빠져나와 버린다. 두려움은 마땅히 벌어야 할 그 많은 돈을 벌지 못하게 만든다. 성공적인 트레이더라면 반드시 이 두 가지 뿌리깊은 본능과 싸워야 한다. 인간의 자연스러운 반응이라고 부르는 것을 완전히 바꿔버려야 한다. 희망을 가지려 할 때 두려워해야 한다. 두려워질 때 희망을 가져야 한다. 지금의 손실이 점점 더 커질지도 모른다는 점을 두려워해야 하고, 지금의 이익이 더 크게 불어날 수 있다는 희망을 가져야 한다. 대개의 사람들이 하는 방식으로 주식시장에서 도박을 하는 것은 정말 잘못된 일이다.

《제시 리버모어의 회상》 p199

The speculator's chief enemies are always boring from within. It is inseparable from human nature to hope and to fear. In speculation when the market goes against you—you hope that every day will be the last day and you lose more than you should had you not listened to hope—to the same ally that is so potent a success-bringer to empire builders and pioneers, big and little. And when the market goes your way you become fearful that the next day will take away your profit, and you get out too soon. Fear keeps you from making as much money as you ought to. The successful trader has to fight these two deep-seated instincts. He has to reverse what you might call his natural impulses. Instead of hoping he must fear; instead of fearing he must hope. He must fear that his loss may develop into a much bigger loss, and hope that his profit may become a big profit. It is absolutely wrong to gamble in stocks the way the average man does.

주식 투자란 무척이나 어렵고 힘든 사업이다. 투자자 대부분이 자신의 본성에 반해 행동하기 때문이다. 누구나 빠져들기 쉬운 인간적인 약점들은 성공 투자에 치명적이다. 희망과 두려움이라는 굴레에서 벗어나지 못하는 한 투자는 지난한 작업일 수밖에 없다.

무기는 달라져도 전략은 그대로 남는다

(……) 인간이란 자기가 기꺼이 믿고 싶어하는 것을 쉽게 믿는다. 또 스스로 탐욕에 빠져들거나 경솔한 행동을 한 대가를 치르도록 자기 자신이 용인하고 심지어 부추기기까지 한다. 두려움과 바람은 그 모습 그대로다. 그런 점에서 투기자의 심리를 연구하는 것은 예전이나 지금이나 똑같이 가치 있는 일이다. 무기는 달라져도 전략은 그대로 전략으로 남는다. 뉴욕증권거래소나 전쟁터나 마찬가지다. 토마스 F. 우드록이 단언하듯 이야기한 구절에 이 모든 내용이 명료하게 요약돼 있다. "성공하는 주식 투기자의 원칙은 사람들이 과거에 저질렀던 실수를 앞으로도 계속해서 반복할 것이라는 전제를 깔고 있다."

《제시 리버모어의 회상》 p352

(……) the ease with which human beings believe what it pleases them to believe; and how they allow themselves indeed, urge themselves to be influenced by their cupidity or by the dollar-cost of the average man's carelessness. Fear and hope remain the same; therefore the study of the psychology of speculators is as valuable as it ever was. Weapons change, but strategy remains strategy, on the New York Stock Exchange as on the battlefield. I think the clearest summing up of the whole thing was expressed by Thomas F. Woodlock when he declared: "The principles of successful stock speculation are based on the supposition that people will continue in the future to make the mistakes that they have made in the past."

주식시장이 존재하는 한 투자자들은 계속해서 똑같은 실수를 저지를 것이다. 인간의 본성이란 인류 역사가 시작된 이래 한결같았기 때문이다. 투자자에게 가장 큰 문제는 아마도 자기 자신일 것이다.

가장 경계해야 할 인간적인 약점

다른 많은 투기자들과 마찬가지로 나 역시 확실한 기회가 올 때까지 인내심을 갖고 기다리지 못했던 경우가 수도 없이 많았다. 나는 늘 주식을 보유하거나 공매도하려 했다. 이렇게 물어올지도 모르겠다. "당신은 경험도 많으면서 왜 그렇게 자제하지 못한 겁니까?" 대답을 하자면, 나도 인간이고 인간적 결점에 빠져들기 쉽기 때문이다. 투기자들이 전부 다 그런 것처럼 나 역시 훌륭한 판단을 해놓고도 인내심이 부족해 이를 살리지 못했다. 투기란 포커나 브리지 같은 카드 게임을 하는 것과 아주 비슷하다. 모두들 매판마다 돈을 걸고 싶어하는 똑같은 약점을 지니고 있다. 그러다 보니 하나같이 카드 게임에서 한 판도 빠지려 들지 않는 것이다. 정도의 차이는 있지만 우리 모두가 갖고 있는 이런 인간적 약점이야말로 투자자와 투기자에게 가장 큰 적이며, 스스로 지켜내지 않는다면 마침내 파멸의 길로 몰고 갈 것이다. 인간이기 때문에 희망을 품고, 한편으로는 두려움도 느낀다. 그러나 투기라는 사업에 희망과 두려움을 개입시킨다면 아주 끔찍한 위험에 직면하게 될 것이다. 사람들이란 이 두 가지를 혼동해 정반대의 자리에 갖다 놓기 십상이기 때문이다.

《주식 투자의 기술》 p20

There have been many times when I, like many other speculators, have not had the patience to await the sure thing. I wanted to have an interest at all times. You may say: "With all your experience, why did you allow yourself to do so?" The answer to that is that I am human and subject to human weakness. Like all speculators, I permitted impatience to outmaneuver good judgment. Speculation is very similar to playing a game of cards, whether it be poker, bridge or any similar game. Each of us is possessed with the common weakness of wanting to have an interest in every jackpot, and we certainly would like to play every hand at bridge. It is this human frailty which we all possess in some degree that becomes the investor's and speculator's greatest enemy and will eventually, if not safeguarded, bring about his downfall. It is a human trait to be hopeful and equally so to be fearful, but when you inject hope and fear into the business of speculation, you are faced with a very formidable hazard, because you are apt to get the two confused and in reverse positions.

우리 인간의 의사결정 과정은 결코 합리적이지 않다. 인간이기에 피할 수 없는 약점이 희망과 두려움이다. 모든 투자자가 희망과 두려움에서 자유로울 수 있다면 아마도 주식시장 자체가 사라질 것이다.

자만심은 값비싼 대가를 요구한다

누구든 투기적인 시장에서 훌륭하게 트레이딩하고 싶다면 자기 자신을 철저히 알고 있어야 한다. 내가 얼마나 어리석은 짓을 할 수 있는지 알려면 길고 힘든 교육 과정을 거쳐야 한다. 투기자가 자만심을 갖지 않는 방법을 배울 수만 있다면 아무리 비싼 수업료를 치러도 아깝지 않다는 생각을 가끔 한다. 똑똑한 사람들이 그토록 무수히 무너져버리는 것도 자만심에서 직접적인 원인을 찾을 수 있다. 자만심이라는 몹쓸 병은 어디서든 누구에게든 아주 값비싼 대가를 요구하지만 월스트리트의 투기자들에게는 특히 더 하다.

《제시 리버모어의 회상》 p243

A man must know himself thoroughly if he is going to make a good job out of trading in the speculative markets. To know what I was capable of in the line of folly was a long educational step. I sometimes think that no price is too high for a speculator to pay to learn that which will keep him from getting the swelled head. A great many smashes by brilliant men can be traced directly to the swelled head—an expensive disease everywhere to everybody, but particularly in Wall Street to a speculator.

주식 투자자는 누구나 자기 판단에 대한 자부심을 경계해야 한다. 시장은 항상 자기 뜻대로 움직여주지 않는다. 설사 방향을 맞췄다 하더라도 시장은 얼마든지 그 시기를 늦추거나 당길 수 있다. 시장보다 자기가 똑똑하다는 생각은 금물이다. 겸손은 주식 투자에서도 간직해야 할 미덕이다.

자기 자신을 읽을 줄 알아야 한다

트레이더란 기본적인 시장 여건을 공부하는 것 외에도 시장에서 벌어졌던 과거 사례들을 기억하고 대중들의 심리뿐만 아니라 주식중개인들의 한계까지 늘 마음속에 담아둬야 한다. 또한 반드시 자기 자신을 알아야 하고, 자신의 약점에 대비하고 있어야 한다. 인간적인 감정이나 행동에 화를 낼 필요는 없다. 시세를 읽어내는 방법을 알듯이 자기 자신을 읽는 방법을 아는 게 필요하다.

《제시 리버모어의 회상》 p268

A trader, in addition to studying basic conditions, remembering market precedents and keeping in mind the psychology of the outside public as well as the limitations of his brokers, must also know himself and provide against his own weaknesses. There is no need to feel anger over being human. I have come to feel that it is as necessary to know how to read myself as to know how to read the tape.

제시 리버모어가 1915년 파산 선고를 받은 뒤 절치부심하던 시기의 고뇌가 담긴 말이다. 그 무렵은 그에게 가장 절박한 시기였다. 또 다시 실패한다면 한번 더 도전할 새로운 종자돈을 구할 길조차 막막했다. 그로서는 아주 확실한 심리적 순간이 오기를 참고 기다리는 수밖에 없었고, 이를 위해서는 무엇보다 자기 자신을 알아야 했다.

무지와 탐욕으로부터 보호해줄 수는 없다

월스트리트가 바보들한테서 돈을 빼앗아가고 있다고 대중들이, 또 신문에서 비난하는 소리를 귀가 따갑도록 들었습니다. 누가 제일 많은 돈을 날렸는지 보세요. 소심한 호구들은 아닙니다. 이들은 겨우 잔돈푼을 거니까요. 바로 성공한 사업가, 아주 영리한 상인이 월스트리트를 통틀어 최대의 호구가 되는 겁니다. 자기 본업에서 큰돈을 번 친구지요. 어떻게 벌었을까요? 오랫동안 자기 일을 해왔고, 사업과 관련해 알아야 할 것들은 전부 배웠으며, 합리적인 기회를 붙잡았고, 자신의 지식과 경험을 활용해 미래의 가능성을 내다봤기 때문에 성공한 거죠. 그런데 갑자기 더 적은 노력으로 더 빠르게 재산을 불리고 싶어진 겁니다. 이 친구는 자기 돈을 이용해 더 높은 소득을 올리기로 한 거에요. 정상적인 수익보다 훨씬 더 많은 돈을 벌기 위해서는 자기가 건 돈을 전부 잃을 수도 있는 리스크를 감수해야 한다는 사실을 그도 잘 알고 있습니다. 따라서 이 친구는 월스트리트에서 돈을 잃었다고 할 수 없지요. 그는 자기 사무실에서 돈을 잃은 겁니다. 그는 주식 투기라는 게임한테 당한 게 아닙니다. 스스로 패배한 거지요. 내 말이 맞지 않습니까?

《원전으로 읽는 제시 리버모어의 회상》 p30

I'm tired of hearing the public and the papers blame Wall Street for parting fools from their money. Take the biggest losers. They are not the piker suckers, who only lose what they risk—pennies. It's the successful businessman, the shrewd merchant, who is the biggest sucker of the lot. He has made a fortune in his own line. How? By being on the job for years; by learning all there was to know about it; by taking reasonable chances; by utilizing his knowledge and experience to anticipate probabilities. He wants to increase that fortune at a faster rate and with less effort. He decides to make his money work for him—a high wages. He assures himself that as he is taking the risk of losing every cent he puts up it is only fair to make more than his usual profit. Why, that man doesn't lose his money in Wall Street. He loses it in his own office. It isn't the game that beats him; he beats himself. Am I right?

많은 사람들이 자기 본업을 할 때는 생각하지도 않았던 방식으로 월스트리트에서 쉽게 돈을 벌어보려고 하다 큰 손실을 본다. 공짜로 뭔가를 얻으려는 사람은 법으로 아무리 보호하려 해도 어쩔 도리가 없는 것이다.

자신의 판단이 무엇보다 중요하다

누구든 자기 자신을 믿고 스스로의 판단을 신뢰해야 한다. 그래야 주식 투기라는 게임에서 살아남을 수 있다. 내가 비밀정보를 믿지 않는 것도 이런 이유 때문이다. 가령 스미스라는 친구에게서 비밀정보를 들어 주식을 샀다면 이 주식을 팔 때도 이 친구로부터 비밀정보를 얻어야 한다. 그런데 매도 시점이 다가왔는데 스미스가 휴가를 떠나버렸다면 어찌 되겠는가? 당연히 안 된다. 자기 아닌 다른 사람이 하라는 대로 따라 했다가는 절대 큰돈을 벌지 못한다. 나 자신의 판단보다 나에게 더 많은 돈을 벌게 해줄 비밀정보를 단 한 건이든 시리즈로든 나에게 전해줄 수 있는 사람은 아무도 없다. 나는 이 점을 경험을 통해 깨달았다. 올바른 판단을 했을 때 큰돈을 벌 수 있을 만큼 현명하게 게임을 하는 방법을 배우기까지는 5년이라는 세월이 필요했다.

《제시 리버모어의 회상》 p57

A man must believe in himself and his judgment if he expects to make a living at this game. That is why I don't believe in tips. If I buy stocks on Smith's tip I must sell those same stocks on Smith's tip. I am depending on him. Suppose Smith is away on a holiday when the selling time comes around? No, sir, nobody can make big money on what someone else tells him to do. I know from experience that nobody can give me a tip or a series of tips that will make more money for me than my own judgment. It took me five years to learn to play the game intelligently enough to make big money when I was right.

주식시장에서 성공한 사람들의 공통점은 입이 무겁다는 것이다. 또 귀가 얇은 투자자치고 주식으로 성공하는 경우도 없다. 현명한 투자자는 결코 비밀 정보를 바라지 않는다. 이들은 오로지 자기 판단에 따라 신중한 자세로 투자할 뿐이다.

경험과 기억력, 꾸준한 공부

뛰어난 수학적 사고 능력과 비범할 정도의 탁월한 관찰력을 가진 사람도 경험과 기억력이 없다면 투기에 실패할 수 있다. 그런 점에서 외과의사가 부단히 새로운 과학적 사실들을 공부해나가듯, 현명한 트레이더는 주식시장을 비롯한 여러 시장의 흐름에 영향을 미치는 모든 분야의 변화 추이를 추적할 수 있도록 경제 전반의 상황을 꾸준히 공부해야 한다. 이렇게 오랫동안 투기라는 게임을 해나가면 습관처럼 최신 정보를 잘 알게 된다. 또 거의 자동적으로 대처할 수 있다. 값으로 따질 수 없는 프로의 자세가 몸에 배게 되고, 이를 바탕으로 투기라는 게임에서 이길 수 있게 되는 것이다. 항상 이기는 것은 아니더라도 말이다! 프로와 아마추어, 혹은 직업적인 트레이더와 비직업적인 트레이더 간의 차이는 아무리 강조해도 지나치지 않다. 나의 경우에도 수학적 사고 능력과 기억력이 큰 도움이 됐다. 월스트리트에서는 수학적인 기초가 있어야 돈을 벌 수 있다. 다시 말해 사실과 수치를 제대로 다룰 줄 알아야 월스트리트에서 돈을 벌 수 있다는 것이다.

《제시 리버모어의 회상》 p324

A man can have great mathematical ability and an unusual power of accurate observation and yet fail in speculation unless he also possesses the experience and the memory. And then, like the physician who keeps up with the advances of science, the wise trader never ceases to study general conditions, to keep track of developments everywhere that are likely to affect or influence the course of the various markets. After years at the game it becomes a habit to keep posted. He acts almost automatically. He acquires the invaluable professional attitude and that enables him to beat the game at times! This difference between the professional and the amateur or occasional trader cannot be overemphasized. I find, for instance, that memory and mathematics help me very much. Wall Street makes its money on a mathematical basis. I mean, it makes its money by dealing with facts and figures.

트레이더라면 최신 정보를 아주 정확하게 파악하고 있어야 한다. 주식시장이든 상품시장이든, 어떤 변화 추이든 모름지기 프로의 자세로 접근해야 한다. 사실 직감이나 신비한 티커 센스 같은 것은 트레이더가 성공하는 데 큰 영향을 미치지 못한다. 경험을 쌓고, 지나온 과정을 잊지 않고, 꾸준히 공부해나가는 것이야말로 성공하는 트레이더가 갖춰야 할 가장 중요한 덕목이다.

프로와 아마추어의 차이

한 가지 일에 몇 년씩 집중해서 매달리면 대개의 초보자들과는 전혀 다른 자세로 그 일을 대하게 된다. 이 차이가 바로 프로와 아마추어를 구분 짓는 것이다. 사람들이 투기적인 시장에서 돈을 벌거나 잃는 것은 그 일을 어떻게 바라보는가에 달려있다. 일반 대중은 자기가 기울이는 노력에 대해 아마추어 애호가의 시각밖에 갖고 있지 못하다. 자기중심적인 사고가 지나치게 강해 생각이 깊지 못하고 철저히 파고들지도 않는다. 반면 프로는 돈을 벌어야 한다는 점보다는 자신이 옳은 일을 하고 있는가에 관심을 갖는다. 이익이 아니라 무언가에 전력을 기울이다 보면 이익은 자연히 따라온다는 점을 알고 있기 때문이다. 무릇 트레이더란 프로 당구 선수가 하듯 게임을 해나가야 한다. 당장 눈 앞의 수만 생각하지 말고 멀리 몇 수 앞을 내다보는 것이다. 그래야 본능적으로 자기 포지션에 맞게 게임을 풀어나갈 수 있다.

《제시 리버모어의 회상》 p205

A man can't spend years at one thing and not acquire a habitual attitude towards it quite unlike that of the average beginner. The difference distinguishes the professional from the amateur. It is the way a man looks at things that makes or loses money for him in the speculative markets. The public has the dilettante's point of view toward his own effort. The ego obtrudes itself unduly and the thinking therefore is not deep or exhaustive. The professional concerns himself with doing the right thing rather than with making money, knowing that the profit takes care of itself if the other things are attended to. A trader gets to play the game as the professional billiard player does—that is, he looks far ahead instead of considering the particular shot before him. It gets to be an instinct to play for position.

주식시장은 20명이 실패하면 1명 정도가 성공하는 곳이라고 한다. 그만큼 돈을 벌기가 어려운 곳이라는 말이다. 아마추어들은 열심히 연구하지도 않으면서 단기적으로 큰 수익을 노리고 높은 리스크를 감수한다. 반면 프로는 장기적으로 리스크를 줄여가면서 안정적인 수익을 추구한다.

투기를 하지 말아야 할 사람

투기라고 하는 게임만큼 언제나 그렇게 흥미진진한 게임도 없다. 그러나 이 게임은 어리석은 사람이나 정신적으로 굼뜬 사람, 감정 조절이 잘 안 되는 사람에게는 어울리지 않는다. 단번에 벼락부자가 되려는 투기꾼에게는 더더욱 맞지 않는다. 이런 사람들은 불행 속에서 죽음을 맞이할 것이다.

《주식 투자의 기술》 p13

The game of speculation is the most uniformly fascination game in the world. But it is not a game for the stupid, the mentally lazy, the man of inferior emotional balance, nor for the get-rich-quick adventurer. They will die poor.

《주식 투자의 기술》 첫 구절이다. 주식 투자에서 가장 중요한 것은 자기 자신을 아는 것이다. 자신이 투자에 적합한 성격인지 먼저 생각해봐야 한다. 리스크는 얼마나 받아들일 수 있는지, 시장을 공부하는 데 기꺼이 시간을 낼 수 있는지, 투자하는 게 정말로 즐거운지 곰곰이 따져본 다음 시작하라는 말이다.

투자자는 월급쟁이가 아니다

경험이라는 빛을 통해 주가를 읽었을 때는 항상 돈을 벌었다. 그러나 정말 바보짓을 했을 때는 돈을 날려야 했다. 나 역시 예외일 수 없었다. 그렇지 않은가? (……) 현재의 시장 여건은 고려하지 않은 채 늘 뭔가를 하려는 욕망이야말로 많은 사람들이 월스트리트에서 돈을 날리는 이유다. 심지어 프로페셔널이라고 하는 이들조차 마치 고정급여를 받는 것처럼 매일 주식시장에서 돈을 벌어가야 한다는 강박관념에 사로잡혀 있다.

《제시 리버모어의 회상》 p36

Whenever I read the tape by the light of experience I made money, but when I made a plain fool play I had to lose. I was no exception, was I? (……) The desire for constant action irrespective of underlying conditions is responsible for many losses in Wall Street even among the professionals, who feel that they must take home some money every day, as though they were working for regular wages.

데이 트레이딩은 결코 바람직한 투자 방식이 아니다. 주식에 투자하겠다고 마음먹었다면 모름지기 한 해에 한두 번 찾아오는 시장의 큰 흐름을 노려야지 매일같이 푼돈을 벌겠다고 불나방처럼 뛰어들어서는 안 된다는 게 제시 리버모어의 일관된 주장이다.

프로의 냉정함과 자신감

매일 오전 10시부터 오후 3시까지는 시장을 상대로 한 게임이 나를 사로잡았고, 3시 이후에는 삶이라는 게임을 즐겼다. 그렇다고 오해하지는 말기 바란다. 방탕한 생활로 인해 내 사업에 지장을 주는 일은 절대로 없었다. 내가 돈을 잃었다면 그것은 내가 틀렸기 때문이지 과도한 유흥을 즐겼기 때문이 아니다. 주의가 산만해지거나 술에 취해 손발이 떨리는 바람에 게임을 망친 적은 단 한 번도 없었다. 정신적, 육체적 안정을 해치는 어떤 것도 나는 견딜 수 없었다. 지금도 나는 통상 밤 10시 전에 잠자리에 든다. 젊은 시절부터 나는 절대 밤늦게까지 있지 않았다. 충분한 수면을 취하지 못하면 일을 제대로 할 수 없기 때문이다. 나는 잃는 돈보다 버는 돈이 더 많았고, 그랬기 때문에 굳이 내 삶의 즐거움을 없애버릴 필요를 느끼지 못했다.

《제시 리버모어의 회상》 p94

The game of beating the market exclusively interested me from ten to three every day, and after three, the game of living my life. Don't misunderstand me. I never allowed pleasure to interfere with business. When I lost it was because I was wrong and not because I was suffering from dissipation or excesses. There never were any shattered nerves or rum-shaken limbs to spoil my game. I couldn't afford anything that kept me from feeling physically and mentally fit. Even now I am usually in bed by ten. As a young man I never kept late hours, because I could not do business properly on insufficient sleep. I was doing better than breaking even and that is why I didn't think there was any need to deprive myself of the good things of life.

제시 리버모어의 전성기 시절 모습이다. 그는 매일 시장을 공부했고, 사치스러운 생활을 즐기면서도 무절제하거나 자신의 사업에 지장을 주는 일은 없었다. 그러나 말년에는 그도 알코올 의존증에 시달려야 했고, 우울증으로 인한 수면장애로 고생했다. 성공하는 투자자가 되려면 정신적으로는 물론 육체적으로도 건강해야한다.

큰돈은 머리가 아니라 엉덩이로 번다

내가 큰돈을 벌 수 있었던 것은 결코 내 머리 덕분이 아니었다. 항상 그것은 앉아 있은 덕분이었다. 무슨 말인지 이해하겠는가? 진득하게 앉아 있은 덕분에 큰돈을 벌었다는 말이다! 시장에 대해 올바른 판단을 하는 것은 전혀 대단한 기술이 아니다. 강세장 초기에 얼마든지 상승 주도 종목을 잡아낼 수 있고, 약세장 초기에 얼마든지 하락 주도 종목을 찾아낼 수 있다. 정확한 시점에 정확한 판단을 내린 사람을 수도 없이 만나봤다. 이들은 이렇게 찾아낸 종목의 주가가 틀림없이 엄청난 수익을 올려줄 바로 그 수준에 왔을 때 매수하거나 매도했다. 그리고 그 결과는 나와 너무도 똑같았다. 이들 역시 진짜 큰돈을 벌지 못했던 것이다. 옳은 판단을 내리는 동시에 진득하게 앉아 있는 사람은 드물다. 나는 이것이야말로 정말 가장 배우기 힘든 것 가운데 하나임을 알게 됐다. 그러나 주식 투기자는 이것을 확실히 이해한 다음에야 큰돈을 벌 수 있다. 무지한 상태에서 수백 달러를 버는 것보다 거래하는 방법을 제대로 안 다음 수백만 달러를 버는 게 더 쉽다는 것은 틀림없는 사실이다.

《제시 리버모어의 회상》 p104

It never was my thinking that made the big money for me. It always was my sitting. Got that? My sitting tight! It is no trick at all to be right on the market. You always find lots of early bulls in bull markets and early bears in bear markets. I've known many men who were right at exactly the right time, and began buying or selling stocks when prices were at the very level, which should show the greatest profit. And their experience invariably matched mine—that is, they made no real money out of it. Men who can both be right and sit tight are uncommon. I found it one of the hardest things to learn. But it is only after a stock operator has firmly grasped this that he can make big money. It is literally true that millions come easier to a trader after he knows how to trade than hundreds did in the days of his ignorance.

인내가 무엇보다 중요하다. 그러나 인내가 왜 중요한지 아는 것이 더 중요하다. 성공하는 투자자라면 정확한 판단을 내리는 것은 물론 자신의 신념을 꿋꿋이 밀고 나갈 용기를 지녀야 하고, 또한 시장이 열매를 맺을 때까지 느긋하게 앉아 기다릴 수 있는 지혜로운 인내도 갖춰야 한다.

대중의 시각이 바뀌는 데는 오랜 시간이 걸린다

나는 맹목적으로 베팅한 게 아니었다. 나는 정신 나간 약세론자가 아니었다. 성공에 도취해 있지도 않았고, 샌프란시스코가 지도상에서 사라져 버리면 온 나라가 파멸의 길을 걸을 것이라고 생각하지도 않았다. 진짜 아니다! 나는 패닉을 기대하지 않았다. 그래서 다음날 공매도 물량을 깨끗이 정리했다. 나는 25만 달러를 벌었다. 그때까지 내가 거둔 최대의 수익이었다. 불과 며칠만에 이걸 전부 번 것이다. 월스트리트에서는 지진이 발생한 뒤 하루 이틀은 아무런 관심도 기울이지 않았다. 사람들은 맨 처음 속보가 그렇게 급박하지 않았기 때문이라고 말하겠지만, 나는 다르게 생각한다. 주식시장을 바라보는 대중들의 시각이 바뀌는 데는 꽤 오랜 시간이 걸리기 때문이다. 프로 트레이더들조차 대부분 느리게 반응했고 앞을 내다볼 줄 몰랐다.

《제시 리버모어의 회상》 p119

I was not betting blindly. I wasn't a crazy bear. I wasn't drunk with success or thinking that because Frisco was pretty well wiped off the map the entire country was headed for the scrap heap. No, indeed! I didn't look for a panic. Well, the next day I cleaned up. I made two hundred and fifty thousand dollars. It was my biggest winnings up to that time. It was all made in a few days. The Street paid no attention to the earthquake the first day or two. They'll tell you that it was because the first dispatches were not so alarm ring, but I think it was because it took so long to change the point of view of the public toward the securities markets. Even the professional traders for the most part were slow and shortsighted.

1906년 4월 18일 샌프란시스코 대지진이 발생했을 때의 일이다. 대중들은 뉴스에 절대 독립적으로 반응하지 않는다. 끔찍한 대재앙이었지만 주식시장은 지진 소식에도 별로 움직이지 않았다. 월스트리트가 바라지 않았기 때문이다. 그러나 제시 리버모어는 끝까지 밀어붙였다. 오히려 공매도 물량을 두 배로 늘렸다. "그게 내가 할 수 있는 유일한 거래였다. 내가 옳다는 것, 그것도 100% 옳다는 것 외에는 아무 생각도 하지 않았다. 이건 하늘이 주신 기회였다. 이 기회를 이용하는 것은 나에게 달린 문제였다. 그래서 더 매도한 것이었다."

자신의 판단에 집중하라

성공의 첫째 덕목은 자기 자신에 대한 믿음입니다. 나는 절대 굴복하지 않았습니다. 대개의 경우 사람들은 자기가 매수한 주식이 몇 포인트 올라가면 도로 떨어질까봐, 그래서 자기가 번 돈이 조금이라도 날아갈까봐 두려워합니다. 전혀 두려워할 때가 아닌데도 말이지요. 주가가 올랐다는 것은 자신의 판단이 옳다는 사실이라는 점을 직시하고 계속 보유해야 합니다. 그런데도 두려워하며 팔아버립니다. 작은 차익 때문에 매매해서는 안 됩니다. 그래서는 돈이 되지 않습니다. 한 종목만 매수하십시오. 매수 물량을 쌓아가지도 마십시오. 괜히 수익률만 떨어뜨릴 수 있으니까요. 사업을 할 때처럼 주식시장에서도 똑같은 원칙을 갖고 행동하십시오. 당신 자신의 판단에 집중해야 합니다.

〈Boston Daily Globe〉 1917년 1월 11일

The first requisite to success is confidence in one's self. I never lost my nerve. Usually a man buys and then, when the stock goes up a few points, he is fearful that it will go down again and he will lose the little he had made. That is the wrong time to fear. He should know that the very fact that the stock has gone up proves he is right, and he should hold on. But he sells through fear. Don't try to scalp the market. It does not pay. Buy one issue. Don't pyramid, for by doing that you wipe out your profit percentage. Apply just the same principles to the market that you would to a business. Go on your own judgment.

파산 선고를 받은 지 2년 만에 100만 달러가 넘는 채무를 다 갚은 다음 가진 인터뷰에서 한 말이다. 제시 리버모어는 이제 자신은 더 이상 주식시장의 "도박사(gambler)"가 아니며 "투기 사업가(business speculator)"가 됐다고 자신했다. 그러나 그는 다시 호사스러운 생활에 빠져들어 한 달 뒤인 2월에 아내에게 12만 달러짜리 에머랄드 반지를 사줬고, 쾌속선도 한 척 구입했다.

기회는 다시 찾아온다

틀렸을 때는 변명해서는 안 된다. 이건 누구나 다 배워야 하고, 나 또한 오래 전에 배운 가르침이다. 틀렸을 때는 자신이 잘못했음을 인정하고 그것을 활용해 이익을 얻도록 노력해야 한다. 누구든 자기가 틀렸을 때는 그 사실을 안다. 시장은 투기자에게 그가 틀렸다는 것을 알려준다. 그는 틀림없이 손실을 보고 있을 것이기 때문이다. 자신이 틀렸다는 사실을 처음 깨달았을 때가 바로 손실을 보고 깨끗이 거래를 정리할 때다. 웃음을 잃지 말고, 화가 나는 것도 참아야 한다. 기록을 살펴보며 자신이 저지른 실수의 원인이 무엇인지 궁리해보고, 다음 번 큰 기회를 기다려야 한다. 기회란 관심을 갖고 오랜 시간 계속해서 지켜본 뒤에야 찾아온다.

《주식 투자의 기술》 p69

I have long since learned, as all should learn, not to make excuses when wrong. Just admit it and try to profit by it. We all know when we are wrong. The market will tell the speculator when he is wrong, because he is losing money. When he first realizes he is wrong is the time to clear out, take his losses, try to keep smiling, study the record to determine the cause of his error, and await the next big opportunity. It is the net result over a period of time in which he is interested.

누구나 때로는 틀린다. 인간이기에 어쩔 수 없는 일이다. 중요한 것은 무슨 일이 있어도 틀리지 않겠다고 다짐하는 게 아니라 틀렸을 때 뭔가를 배우려는 자세다. 주식시장은 늘 열려 있다. 기회는 내일 다시 찾아올 수 있다.

대중들이 큰돈을 벌지 못하는 이유

앞날에 대한 전망이 헛된 희망으로 물들어버리면 천정이 눈에 들어오지 않는 법이다. 보통사람들은 12달러 혹은 14달러 할 때 아무도 쳐다보지 않던 주식이 갑자기 30달러-틀림없이 천정처럼 보인다-로 올랐다가 50달러까지 상승하는 것을 가만히 지켜본다. 절대로 더 이상은 올라갈 수 없다고 느낀다. 그런데 60달러가 되고 70달러, 75달러까지 상승한다. 그러면 불과 몇 주 전까지 15달러도 하지 않던 이 주식이 더 이상은 올라갈 수 없을 것이라고 확신한다. 그러나 80달러가 되고 85달러까지 간다. 보통사람들이란 가격만 생각할 뿐 가치는 절대 생각하지 않고, 상황에 따라 행동하는 게 아니라 두려움에 지배당하다 보니 가장 쉬운 길만 택한다. 그러다 보니 이쯤 되면 오히려 주가 상승에도 반드시 한계가 있다는 생각을 하지 못하게 되는 것이다. 바로 이런 이유 때문에 천정에서 주식을 매수하지 않았던 현명한 일반인들이 오히려 이를 벌충하기 위해 이익을 실현하지 않는 것이다. 주식 붐이 불 때 큰돈은 항상 대중들이 먼저 번다. 평가이익으로 말이다. 그리고 그건 계속 평가이익으로만 남는다.

《제시 리버모어의 회상》 p397

The top is never in sight when the vision is vitiated by hope. The average man sees a stock that nobody wanted at twelve dollars or fourteen dollars a share suddenly advance to thirty—which surely is the top—until it rises to fifty. That is absolutely the end of the rise. Then it goes to sixty; to seventy; to seventy-five. It then becomes a certainty that this stock, which a few weeks ago was selling for less than fifteen, can't go any higher. But it goes to eighty; and to eighty-five. Whereupon the average man, who never thinks of values but of prices, and is not governed in his actions by conditions but by fears, takes the easiest way—he stops thinking that there must be a limit to the advances. That is why those outsiders who are wise enough not to buy at the top make up for it by not taking profits. The big money in booms is always made first by the public on paper. And it remains on paper.

강세장에서는, 특히 주식 붐이 일 때면 대중들은 처음에는 돈을 벌지만 나중에는 너무 오래 머물러 있는 바람에 돈을 잃고 만다. 시장이 방향을 틀었는데도 여전히 낙관론에 푹 빠져있고, "약세 투기자들의 공세" 같은 이야기에 귀를 기울이기 때문이다.

프로들에게도 허영심은 있다

현명한 노(老) 주식중개인이 말하기를, 1860년대와 1870년대의 큰손 투기자들은 모두들 한 가지 야망을 갖고 있었으니 바로 매집을 해보는 것이었다고 한다. 많은 경우 이건 허영심에서 잉태된 것이었고, 그렇지 않은 경우 불타는 복수심에 기인한 것이었다. 어느 경우든 이 주식 혹은 저 주식을 성공적으로 매집한 인물로 지목된다는 것은 그야말로 명석한 두뇌와 대담한 용기, 든든한 패거리를 가졌음을 의미했다. 이렇게 인정받은 매집 세력은 거만하게 굴만도 했다. 자신이 번 만큼 동료들로부터 박수갈채를 받았다. 매집을 계획하는 투기자들이 전력을 기울이는 이유는 단지 돈을 벌려는 목적이 전부는 아니다. 냉혹한 투기자들 사이에 스스로를 드러내고 싶어하는, 무의식적인 허영심이 있기 때문이다.

《제시 리버모어의 회상》 p356

A wise old broker told me that all the big operators of the '60's and '70's had one ambition, and that was to work a corner. In many cases this was the offspring of vanity: in others, of the desire for revenge. At all events, to be pointed out as the man who had successfully cornered this or the other stock was in reality recognition of brains, boldness and boodle. It gave the cornerer the right to be haughty. He accepted the plaudits of his fellows as fully earned. It was more than the prospective money profit that prompted the engineers of corners to do their damnedest. It was the vanity complex asserting itself among cold-blooded operators.

탐욕의 저 밑바닥에는 허영심이 도사리고 있다. 돈과 권력과 명성과 자부심, 심지어 미래에 대한 비전에 이르기까지 허영심의 목록은 실로 끝이 없다. 서로가 서로를 집어삼키던 150년 전 월스트리트의 냉혹한 투기자들조차도 인간이기에 허영심으로부터 자유롭지 못했다.

성공한 다음에 찾아오는 방심

주식시장에서 한번 성공적인 시기를 보내고 난 다음에는 늘 부주의하게 방심하거나 과도한 욕심을 부리려는 유혹에 빠져든다. 이럴 때 자신의 소중한 재산을 지켜내기 위해서는 건전한 상식과 명석한 사고가 필요하다. 올바른 원칙들만 단단히 붙잡는다면 일단 자기 수중에 들어온 돈을 도로 내줘야 할 이유가 없을 것이다.

《주식 투자의 기술》 p39

There is always the temptation in the stock market, after a period of success, to become careless or excessively ambitious. Then it requires sound common sense and clear thinking to keep what you have. But it is not necessary to lose your money, once you have acquired it, if you will hold fast to sound principles.

시장의 움직임을 정확히 예측해 큰돈을 거머쥔 뒤에는 늘 위험한 유혹이 따른다. 무조건 내지르기만 하면 다 될 것 같은 충동 말이다. 누구나 그런 경험을 해봤을 것이다. 주식시장에서 힘겹게 번 돈을 그렇게 해서 너무나도 허무하게 날려버리는 것이다.

얼마든지 잘못을 저지를 수 있다

나는 누구든 자기만의 고유한 시각과 평생토록 독립된 사고 방식을 가질 수 있다고 배웠지만, 그럼에도 불구하고 설득력 있는 인물이 공격하면 쉽게 무너질 수 있다는 사실 역시 알게 됐다. 나는 탐욕과 두려움, 희망 같은 투기자들이 자주 걸리는 질병에는 꽤 면역이 된 상태다. 그러나 나 역시 보통사람이라 너무나도 쉽게 잘못을 저지를 수 있음을 자각한다.

《제시 리버모어의 회상》 p222

I have learned that a man may possess an original mind and a lifelong habit of independent thinking and withal be vulnerable to attacks by a persuasive personality. I am fairly immune from the commoner speculative ailments, such as greed and fear and hope. But being an ordinary man I find I can err with great ease.

주식 투자자를 실패의 길로 인도하는 유혹과 함정은 헤아릴 수 없이 많다. 자기가 충분히 면역이 돼 있어서 유혹과 함정에 빠지지 않을 것이라고 속단해서는 안 된다.

운명의 여신이 청구하는 수업료

인간이란 그것이 무엇이건 아무런 이유 없이도 바보처럼 매매할 수 있다는 점을 배웠다는 게 내가 얻은 귀중한 교훈이었다. 사람을 끌어당기는 매력을 가진 탁월한 인물이 그럴듯하게 꾸며 자꾸 이야기하는 데 넘어가버리는 것이야말로 트레이더에게 또 하나의 위험한 적이라는 사실을 배우는 데 수백만 달러의 비용이 들었던 셈이다. 그러나 나는 수업료가 딱 100만 달러만 됐다 해도 충분히 그 가르침을 제대로 배웠을 것이라고 생각한다. 그러나 운명의 여신은 절대 수업료를 못박지 않는다. 운명의 여신은 금액이 얼마든 관계없이 우리가 그걸 지불해야 한다는 걸 알고 있기 때문에 훈육을 위해 세게 내리친 다음 자기가 정한 수업료를 청구한다. 내가 얼마나 어리석은 짓을 저지를 수 있는지 확실히 깨달은 다음 나는 그 사건을 마무리했다. 퍼시 토마스는 내 삶에서 완전히 지워버렸다.

《제시 리버모어의 회상》 p236

To learn that a man can make foolish plays for no reason whatever was a valuable lesson. It cost me millions to learn that another dangerous enemy to a trader is his susceptibility to the urgings of a magnetic personality when plausibly expressed by a brilliant mind. It has always seemed to me, however, that I might have learned my lesson quite as well if the cost had been only one million. But Fate does not always let you fix the tuition fee. She delivers the educational wallop and presents her own bill, knowing you have to pay it, no matter what the amount may be. Having learned what folly I was capable of I closed that particular incident. Percy Thomas went out of my life.

시장이 내리는 평결은 가혹할 정도로 냉정하다. 실수를 저질렀다면 응당 그 대가를 치러야 한다. 시장은 모든 증거에 기초해 그 대가를 결정한다. 여기에는 어떤 변명이나 예외도 있을 수 없다.

실수라는 집안은 대가족이다

자신이 저지른 실수를 이해하는 것은 자신이 거둔 성공을 분석해보는 것만큼이나 우리에게 도움이 된다. 하지만 우리에게는 처벌을 피하려는 본능적인 성향이 있다. 어떤 실수를 했을 경우 그에 상응하는 대가가 따른다고 생각하면 두 번 다시 그런 처벌을 받고 싶지 않을 것이다. 주식시장에서 저지르는 모든 실수는 우리의 두 가지 약점에 상처를 입히는데, 돈지갑과 허영심이 그것이다. (……) 물론 현명한 데다 운까지 좋은 사람이라면 똑같은 실수를 두 번 다시 반복하지 않을 것이다. 그러나 이 사람 역시 원래의 실수와 비슷하거나 유사한 수만 가지 실수 가운데 하나를 저지를 것이다. 실수라는 집안은 워낙 대가족이어서 당신이 무슨 바보짓을 할 수 있을까 하고 주위를 살펴보기만 하면 언제든 하나쯤 만나게 마련이다.

《제시 리버모어의 회상》 p181

The recognition of our own mistakes should not benefit us any more than the study of our successes. But there is a natural tendency in all men to avoid punishment. When you associate certain mistakes with a licking, you do not hanker for a second dose, and, of course, all stock-market mistakes wound you in two tender spots—your pocketbook and your vanity. (……) Of course, if a man is both wise and lucky, he will not make the same mistake twice. But he will make any one of the ten thousand brothers or cousins of the original. The Mistake family is so large that there is always one of them around when you want to see what you can do in the fool-play line.

주식시장에서 돈을 잃는 것만큼 훌륭한 가르침도 없다. 손실을 봐야 비로소 배움의 기회를 얻기 때문이다. 다만 이렇게 하나씩 배워나가는 과정은 매우 느리다. 실수를 저지른 다음 그것을 깨닫기까지는 어느 정도의 시간이 필요하다. 더구나 깨달은 뒤에도 냉정하게 그 원인을 짚어내는 데는 더 많은 시간이 걸릴 수 있다.

반드시 틀리는 날이 온다

만일 투기자 자신이 거래를 마음껏 해야 할 시기가 정확히 언제인지 알 정도로 똑똑하다면 아무리 자주 거래해도 상관없다. 언제 마음껏 거래를 할 수 있으며, 또 언제 마음껏 거래를 해야 하는지 그 시기를 알 것이니 말이다. 하지만 일단 이런 습관이 몸에 배면 제아무리 똑똑한 투기자라 해도 이를 멈추지 못한다. 과도한 트레이딩에 흥분하게 되고, 결국 성공적인 거래에 필수적인 아주 냉정한 균형감각마저 상실해버리는 것이다. 이들은 자기 판단이 틀리는 날이 올 것이라고는 절대 생각하지 않는다. 그러나 그날은 반드시 오고야 만다. 쉽게 번 돈은 날개를 펴 날아오르고, 이제 또 한 명의 투기자가 파산하는 것이다. 지금 이 거래를 해도 재무적으로 안전하다는 게 확실하지 않다면 결코 거래해서는 안 된다.

《주식 투자의 기술》 p52

Now if the speculator were smart enough to know at just which time he should over-trade, the practice would be justified. He may know at times when he could or should over-trade. But once acquiring the habit, very few speculators are smart enough to stop. They are carried away, and they lose that peculiar sense of balance so essential to success. They never think of the day when they will be wrong. But that day arrives. The easy money takes wing, and another speculator is broke. Never make any trade unless you know you can do so with financial safety.

주식시장에서 돈을 날리는 가장 확실한 이유를 한 가지만 꼽자면 자기 의견에 맹목적인 자부심을 갖는 것이다. 주식 투자로 돈을 벌기가 얼마나 어려운가는 프로 트레이더일수록 잘 안다. 그 어떤 요인보다 투자 손실에 결정적인 영향을 미치는 것은 자신이 내린 판단에 대한 과도한 자신감이다.

실수 덕분에 신중해지다

몇 차례 연속해서 얻어터지고 나자 무조건 대들던 자만심을 다소 줄일 수 있었다. 아마도 좀더 신중해졌다는 표현이 더 어울릴 것이다. 물론 이렇게 된 이유는 시장의 파국이 그만큼 더 가까워졌다는 사실을 알고 있었기 때문이다. 한번 세게 판돈을 걸기 전에는 반드시 그래야 하듯이 오로지 주의 깊게 기다리는 게 내가 할 수 있는 일의 전부였다. 이건 소 잃고 외양간 고치는 것과는 다른 경우였다. 나는 계속해서 확신할 수밖에 없었고, 다음 번에 또 시도할 것이었다. 한 번의 실수도 저지르지 않는 사람이 있다면 그는 한 달 안에 전 세계를 손안에 넣을 것이다. 그러나 자신의 실수에서 무언가를 배운다면 그것이야말로 진정한 축복일 것이다.

《제시 리버모어의 회상》 p147

The succession of spankings I had received made me less aggressively cocksure; perhaps I should say less careless, for of course I knew I was just so much nearer to the smash. All I could do was wait watchfully, as I should have done before plunging. It wasn't a case of locking the stable after the horse was stolen. I simply had to be sure, the next time I tried. If a man didn't make mistakes he'd own the world in a month. But if he didn't profit by his mistakes he wouldn't own a blessed thing.

정확히 판단하고서도 너무 서두르면 치명상을 입을 수 있다. 신중하게 걸어가야 하는데 허겁지겁 달려가기 때문이다. 강세장이 보인다고 해서 무조건 매수에 열을 올린다거나 약세장이 시작된 것 같다고 해서 서둘러 공매도에 나서는 것은 경계해야 한다. 과유불급(過猶不及)이다. 비록 그것이 정확한 판단에 근거한 것이라 하더라도 너무 성급한 매매는 차라리 가만히 지켜보는 것만 못할 때가 있는 법이다.

똑같은 실수를 되풀이하지 않는다

나는 반드시 진짜 내 돈을 갖고 내 의견이 맞는지 확인한다. 내가 손실을 보면서 배운 점은, 물러설 필요가 없을 것이라고 확신하기 전까지는 절대 앞으로 나가서는 안 된다는 것이다. 하지만 앞으로 나갈 수는 없다 해도 꼼짝하지 않고 그 자리를 지킬 수는 있다. 이런 말을 한다고 해서 자기 의견이 틀렸을 때 손실을 그냥 방치해도 된다는 의미는 아니다. 더 이상의 손실은 막아야 한다. 그러나 우유부단해져서는 안 된다. 나는 지금까지 살아오면서 많은 실수를 저질렀지만, 돈을 잃을 때마다 귀중한 경험을 했고, 아주 소중한 "하지 말아야 할 것들"을 수없이 터득할 수 있었다. 완전히 파산하는 경험도 여러 차례 했지만 손실을 봤다고 해서 모든 것을 전부 잃는 것은 아니었다. 그렇지 않았다면 지금 여기 이렇게 있지도 못할 것이다. 나는 항상 또 한번의 기회가 찾아올 것이며, 똑같은 실수를 두 번씩 되풀이하지는 않을 것임을 잘 알고 있었다. 나는 나 자신을 믿었다.

《제시 리버모어의 회상》 p57

With me I must back my opinions with my money. My losses have taught me that I must not begin to advance until I am sure I shall not have to retreat. But if I cannot advance I do not move at all. I do not mean by this that a man should not limit his losses when he is wrong. He should. But that should not breed indecision. All my life I have made mistakes, but in losing money I have gained experience and accumulated a lot of valuable don'ts. I have been flat broke several times, but my loss has never been a total loss. Otherwise, I wouldn't be here now. I always knew I would have another chance and that I would not make the same mistake a second time. I believed in myself.

실수는 귀중한 자산이다. 실수를 저질러봐야 겸손해진다. 주식시장은 항상 회초리를 들고서 가르친다. 제시 리버모어 역시 따끔한 매를 맞아가며 평생에 걸쳐 배웠다.

시장을 향해 원한도 자부심도 갖지 말라

나는 앞서 100만 달러를 잃고도 면화시장에 전혀 원한 같은 것을 갖지 않았고, 그런 실수를 저지른 나 자신을 미워하지도 않았으며, 마찬가지로 필라델피아에서 매도 물량을 정리해 손실을 만회한 데 대해서도 자랑스럽게 생각하지 않았다. 내가 가진 트레이딩 정신은 오로지 트레이딩이라는 문제에만 집중한다. 경험과 기억력 덕분에 첫 번째 손실을 만회했다고 말할 수 있다면 그것으로 충분하다는 생각이다.

《제시 리버모어의 회상》 p337

I bore the cotton market no grudge for taking a million dollars out of me and I did not hate myself for making a mistake of that calibre any more than I felt proud for covering in Philadelphia and making up my loss. My trading mind concerns itself with trading problems and I think I am justified in asserting that I made up my first loss because I had the experience and the memory.

제시 리버모어는 당시 면화시장에서 5만 베일을 공매도했다가 정리할 타이밍을 놓치는 바람에 100만 달러나 손해를 봤다. 그러나 바로 다음날부터 다시 6만 베일의 공매도 포지션을 취해 앞서의 손실을 전부 만회했다.

공짜는 없다

투기를 하든 투자를 하든 성공은 그것을 위해 노력하는 사람에게만 찾아온다. 이 사실은 아무리 강조해도 지나치지 않을 것이다. 거액의 공돈을 당신에게 건네줄 사람은 이 세상에 없다. (……) 설사 공돈이 여기저기 널려 있다 해도, 그걸 당신 주머니에 억지로 넣어줄 사람은 아무도 없을 것이다.

《주식 투자의 기술》 p74

It cannot be said too often that in speculation and investment, success comes only to those who work for it. No one is going to hand you a lot of easy money. (……) And if there was any easy money lying around, no one would be forcing it into your pocket.

주식 투자는 무척이나 어려운 사업이다. 투자에 성공하기 위해서는 어떤 분야보다 더 많은 노력과 연구, 지적인 능력, 인내심, 정신적인 단련이 필요하다. 땀을 흘리지 않으면 값진 열매를 거둘 수 없다.

공짜로 얻으려 하면 대가를 치르게 된다

주식시장이 붐을 탈 때면 그 어느 때보다 많은 대중들이 시장에 뛰어드는데, 이런 시기에는 시세조종이냐 투기냐를 놓고 왈가왈부하거나 면밀하게 구분 지을 필요도 없다. 그건 마치 거리마다 지붕마다 동시에 떨어져 내리는 빗방울의 차이를 구별하려는 것이나 마찬가지다. 호구는 늘 공짜로 무엇을 얻으려 한다. 주식 붐이 불면 항상 어리석음에서 비롯돼 주변의 흥청거림에 자극을 받은 투기 본능이 활활 타오른다. 쉽게 돈 한 번 벌어보겠다고 나섰던 사람들은 이 속된 세상에 공짜는 없다는 사실을 깨닫기까지 어떤 식으로든 대가를 치르고야 만다.

《제시 리버모어의 회상》 p353

In booms, which is when the public is in the market in the greatest numbers, there is never any need of subtlety, so there is no sense of wasting time discussing either manipulation or speculation during such times; it would be like trying to find the difference in raindrops that are falling synchronously on the same roof across the street. The sucker has always tried to get something for nothing, and the appeal in all booms is always frankly to the gambling instinct aroused by cupidity and spurred by a pervasive prosperity. People who look for easy money invariably pay for the privilege of proving conclusively that it cannot be found on this sordid earth.

대중들은 세력이 주가를 끌어올린 다음에, 그것도 한참 상승한 뒤에 매수한다. 대중들은 세력이 사고자 할 때 매도하고, 세력이 팔고자 할 때 매수하는 것이다. 이것은 역설이 아니라 시장의 기록이 보여주는 사실이다.

순식간에 번 돈은 순식간에 나간다

모든 투기자들이 저지르는 결정적인 실수는 너무 단기간에 부자가 되겠다고 조바심하는 것이다. 2~3년 뒤에 자기 자본의 500% 수익률을 거두겠다고 생각하는 게 아니라 두세 달 안에 그렇게 하겠다고 덤비는 것이다. 가끔은 성공하기도 한다. 하지만 이렇게 성공한 용감한 트레이더들이 그 돈을 지킬 수 있을까? 지키지 못한다. 왜 그럴까? 건강하지 못한 돈이기 때문이다. 순식간에 굴러들어온 돈은 아주 잠깐 머물러있을 뿐이다. 이런 경험을 해본 투기자는 균형감각마저 상실한 채 이렇게 말한다. "두 달 만에 내 자본을 다섯 배로 만들었으니, 또 두 달 후에는 내 돈이 얼마가 될지 상상해봐! 정말 대박을 터뜨리게 될 거야." 이런 투기자는 결코 만족하는 법이 없다. 이들은 계속해서 대박을 노리고 전부를 걸다가 끝내 돌이킬 수 없는 실수를 저지르고 만다. 뭔가 극적이고 예측하지 못했던 일이 발생해 파국을 맞게 되는 것이다.

《주식 투자의 기술》 p47

One major mistake of all speculators is the urge to enrich themselves in too short a time. Instead of taking two or three years to make 500% on their capital, they try to do it in two or three months. Now and then they succeed. But do such daring traders keep it? They do not. Why? Because it is unhealthy money, rolling in rapidly, and stopping for but a short visit. The speculator in such instances loses his sense of balance. He says: "If I can make 500% on my capital in two months, think what I will do in the next two! I will make a fortune." Such speculators are never satisfied. They continue to shoot the works until somewhere a cog slips, something happens—something drastic, unforeseen, and devastating.

작은 기업을 새로 시작한 사업가라면 첫 해부터 투자 수익률이 25%를 넘을 거라고 기대하지 않을 것이다. 그런데 주식시장에 처음 뛰어든 초보자들은 연 25%의 투자 수익률을 아주 우습게 안다. 이들은 한 해 100%, 때로는 200% 이상을 기대한다. 셈법 자체가 잘못된 것이다. 이들은 주식 투자를 하나의 사업으로 보지 않는 것이다. 그러다 보니 건전한 상식이나 사업원칙에 따라 주식 투자를 해나가지 못하는 것이다.

왜 의심하고 따져보지 않는가

주가가 전해주는 메시지는 동일하다. 누구든 시간을 들여 생각하고자 하면 이 메시지는 아주 분명하게 자신을 드러낸다. 자기 자신에게 질문해보고 시장 여건에 대해 심사숙고 하다 보면 해답이 저절로 눈앞에 나타난다. 그런데 사람들은 절대 시간을 들여 질문하려 하지 않고, 무조건 답만 구하려 든다. 대개의 미국인들은 언제 어디서나 의심이 많은 편이지만, 유독 증권회사에 가서 시세를 볼 때만은 그렇지 않다. 주식을 거래하든 상품을 거래하든 마찬가지다. 게임에 뛰어들기 전에 반드시 공부를 해야 하는 게임은 이것밖에 없는데도 사람들은 평소에 해오던, 지적으로 상당히 차원 높은 예비적이고 예방적인 의심조차 없이 덤벼든다. 그러다 보니 웬만한 승용차를 고를 때보다도 고민하지 않고 전 재산의 절반을 주식시장에 집어넣는 리스크를 감수하는 것이다.

《제시 리버모어의 회상》 p184

The message of the tape is the same. That will be perfectly plain to anyone who will take the trouble to think. He will find if he asks himself questions and considers conditions, that the answers will supply themselves directly. But people never take the trouble to ask questions, leave alone seeking answers. The average American is from Missouri everywhere and at all times except when he goes to the brokers' offices and looks at the tape, whether it is stocks or commodities. The one game of all games that really requires study before making a play is the one he goes into without his usual highly intelligent preliminary and precautionary doubts. He will risk half his fortune in the stock market with less reflection than he devotes to the selection of a medium-priced automobile.

주가나 상품 가격을 읽어내는 문제는 보기보다 그리 복잡하지 않다. 물론 경험이 필요하다. 하지만 기본적인 경제 여건을 마음속에 담아두는 게 훨씬 중요하다. 가격을 읽어내는 목적은 먼저 어떻게 거래할 것인지, 그 다음으로는 언제 거래할 것인지 알아내려는 것이다. 즉 매수하는 게 매도하는 것보다 현명한지 혹은 매도하는게 매수하는 것보다 유리한지 여부를 판단하려는 것이다.

월스트리트의 똑똑한 바보들

트레이딩 계획은 아주 괜찮았고, 잃을 때보다 벌 때가 더 많았다. 내가 이 계획을 그대로 따랐다면 적어도 열 번 중에 일곱 번은 맞췄을 것이다. 사실 거래를 하기 전에 내가 옳다는 확신이 들었을 때는 항상 돈을 벌었다. 그런데도 패배한 것은 바로 나 자신의 게임을 고수할 만큼 똑똑하지 못했기 때문이다. 뭔가 유리한 신호가 보이고 만족스러운 느낌이 들 때만 시장에 뛰어들어야 했다는 말이다. 모든 일에는 다 때가 있게 마련인데 나는 그것을 몰랐다. 이 점이 바로 누가 봐도 속아넘어갈 것 같지 않은 월스트리트의 똑똑한 친구들이 돈을 날리는 이유다. 어디나 늘 멍청한 짓을 하는 진짜 바보가 있지만, 월스트리트 바보는 자신이 항상 거래를 해야 한다고 생각하는 친구다. 매일같이 매수하거나 매도해야 할 적절한 이유를 갖고 있는 사람은 없다. 또한 누구도 늘 자신의 거래가 현명한 것이었다고 설명할 수 있을 만큼 지식이 풍부하지도 못하다.

《제시 리버모어의 회상》 p35

My plan of trading was sound enough and won oftener than it lost. If I had stuck to it I'd have been right perhaps as often as seven out of ten times. In fact, I always made money when I was sure I was right before I began. What beat me was not having brains enough to stick to my own game—that is, to play the market only when I was satisfied that precedents favored my play. There is a time for all things, but I didn't know it. And that is precisely what beats so many men in Wall Street who are very far from being in the main sucker class. There is the plain fool, who does the wrong thing at all times everywhere, but there is the Wall Street fool, who thinks he must trade all the time. No man can always have adequate reasons for buying or selling stocks daily or sufficient knowledge to make his play an intelligent play.

시도 때도 없이 거래하고, 충동적으로 매매하는 것이야말로 주식시장에서 돈을 날리는 가장 빠른 길이다. 현명한 투자자는 인내심을 갖고 때가 무르익기를 기다린다. 자신이 투자하기에 가장 유리한 여건이 조성됐을 때 비로소 투자를 실행한다.

호구들이 돈을 잃는 이유

호구들이 하는 짓은 늘 똑같습니다. 쉽게 돈을 벌려고 하지요. 투기라고 하는 게 절대 변하지 않는 게 이 때문입니다. 그런 행동을 하는 동기 역시 똑같습니다. 탐욕, 허영심, 게으름이지요. 스타킹이나 무명천 따위라 해도 결코 바보들한테 조언을 들어가며 매매하지 않았을 사업가가 일단 월스트리트에 발을 들여놓으면 그의 수익과 아무 관계도 없는 사람들, 혹은 그가 하려는 게임에서 전혀 큰돈을 벌어보지 못한 정보 제공자가 하는 말을 듣고 기꺼이 자기 돈을 겁니다. 이 사람은 자기가 비상한 두뇌와 비전, 지식, 경험으로 무장하고 있으며, 자기 자신에 대해서도 분명히 이해하고 있다고 생각하지요. 주식시장이 자기 생각대로 움직이든 반대로 흘러가든 그의 희망은 늘 그의 판단과 충동합니다. 좀더 많이 벌겠다는 희망은 마땅히 이익을 취했어야 할 때 그렇게 하지 못하게 합니다. 또 조금이라도 덜 잃겠다는 희망은 비교적 적은 손실을 취했어야 할 때 그렇게 하지 못하게 만들지요. 이게 인간이 가진 한계입니다!

《원전으로 읽는 제시 리버모어의 회상》 p31

The sucker play is always the same: To make easy money. That is why speculation never changes. The appeal is the same: Greed, vanity and laziness. The merchant who would not dream of buying and selling stockings or percales on the advice of fools goes to Wall Street and cheerfully risks his money on the say-so of men whose interest is not his interest, or tipsters who have not grown rich at the game they want him to play. He thinks his margin will take the place of brains, vision, knowledge, experience and of intelligent self-surgery. Whether the stock market goes his way or against him, his hope is always fighting his judgment—his hope of gaining more that keeps him from taking his profits when he should: his hope of losing less that keeps him from taking a relatively small loss. It is a human failing!

제시 리버모어는 이렇게 말한다. "아무것도 모르는 초짜 호구"는 허술하게 돈을 잃지만 생존기간이 너무 짧다. 그래서 증권회사가 1년 내내 수입을 올릴 수 있는 것은 "좀 안다는 호구" 덕분이다. 호구들은 강력한 상승장이 시작되면 맹목적으로 매수에 나서 돈을 거의 수중에 넣지만, 늘 있는 조정이 한번 찾아오면 단 한 차례의 주가 하락으로 그동안 벌었던 수익을 다 날려 버린다.

비밀정보는 술주정꾼의 바람

비밀정보에 따라 거래하는 것이야말로 정말 어리석음의 극치라고 늘 생각해왔다. 나는 천성적으로 비밀정보를 받는 성격이 아닌 것 같다. 비밀정보를 받는 사람들은 술주정꾼 같다는 생각이 들기도 한다. 술을 마시고 싶은 강렬한 욕구를 이겨내지 못해, 술을 먹고 떠들어대야만 행복해질 수 있다고 생각하는 사람들이 있다. 귀를 쫑긋 세우고 비밀정보를 듣는 것은 무척 쉬운 일이다. 그저 이렇게만 하면 금방 행복해질 수 있다고 하는 말을 확실하게 듣는 것이야말로 진정한 행복에 버금갈 정도로 멋진 일이다. 그러나 진정한 행복이란 자기 마음속에서 우러나오는 바람을 충족시키려는 기나긴 여정의 첫 걸음이다. 그런 점에서 비밀정보를 듣는 것은 "돈에 눈이 먼 탐욕"이라기 보다 차라리 "아무 생각도 하지 않으려는 자세가 옭아맨 희망"이라고 할 수 있다.

《제시 리버모어의 회상》 p305

It has always seemed to me the height of damfoolishness to trade on tips. I suppose I am not built the way a tip-taker is. I sometimes think that tip-takers are like drunkards. There are some who can't resist the craving and always look forward to those jags which they consider indispensable to their happiness. It is so easy to open your ears and let the tip in. To be told precisely what to do to be happy in such a manner that you can easily obey is the next nicest thing to being happy which is a mighty long first step toward the fulfilment of your heart's desire. It is not so much greed made blind by eagerness as it is hope bandaged by the unwillingness to do any thinking.

비밀정보는 바라지도 말고 주려고 하지도 말라. 사람들이 비밀정보를 귀담아 듣는 것은 그들이 천성적으로 나빠서가 아니라 희망의 칵테일에 취해보고 싶어서라는 게 제시 리버모어의 지적이다.

희망하는 것은 믿게 된다

모두가 마음속에 품고 있는 기적에 대한 믿음은 희망에 대한 과도한 집착에서 비롯된다. 때만 되면 장밋빛 환상에 빠져드는 사람이 있고, 밤낮 희망에 취해있어서 우리가 전형적인 낙관론자라고 부르는 이들도 있다. 비밀정보를 받는 사람들 역시 실은 전부가 이렇다.

《제시 리버모어의 회상》 p306

The belief in miracles that all men cherish is born of immoderate indulgence in hope. There are people who go on hope sprees periodically and we all know the chronic hope drunkard that is held up before us as an exemplary optimist. Tip-takers are all they really are.

비밀정보를 바라는 사람들은 한마디로 주식시장에 자선사업가들이 넘쳐나고 있다고 생각하는 셈이다. 과연 이들이 왜 자기한테만 돈을 주고 싶어하는지, 그래서 정말로 특별한 정보를 준 것인지 곰곰이 따져볼 일이다.

내부자 정보를 경계하라

항상 작은 메모장을 갖고 다니라고 강력히 권하고 싶다. 메모장에다 관심이 가는 시장 정보를 적어두라. 앞으로 도움이 될 수 있는 생각들을 적을 수도 있고, 시간을 두고 반복해서 읽어봐야 할 아이디어도 괜찮다. 개인적으로 주가의 흐름을 관찰한 소감을 기록하는 것도 좋다. 이 작은 메모장의 첫 페이지에는 이렇게 써두었으면 한다. 아니, 잘 보이게 잉크로 인쇄하는 게 더 낫다: "내부자 정보를 경계하라……그것이 어떤 내부자 정보든."

《주식 투자의 기술》 p74

I urge you always to keep a little notebook with you. Jot down interesting market information: thoughts that may be helpful in the future; ideas that may be re-read from time to time; little personal observations you have made on price movements. On the first page of this little book I suggest you write—no, better print—it in ink: "Beware of inside information……all inside information."

내부자 정보를 따라 했다가 전 재산을 날린 투자자는 헤아릴 수 없이 많다. 누구를 통해서 간접적으로 들었든 내부자한테서 직접 들었든 상관없다. 내부자 정보는 패망의 근원이다. 주식시장에 자선사업가는 없다. 내부자 정보를 건네주는 사람은 두말할 필요도 없다.

무지와 탐욕, 두려움, 희망

투기적으로 주식을 사고파는 사람은 헤아릴 수 없이 많지만, 투기 거래로 수익을 내는 사람은 적다. 대중들은 늘 어느 정도까지는 시장에 "머물러" 있는데, 그러다 보면 항상 손실을 보게 된다. 투기자에게 가장 무서운 적은 무지와 탐욕, 두려움, 희망이다. 이 세상 어떤 법령도, 어느 나라 어느 거래소 규정도 인간 본성에서 비롯된 이 적들을 없애주지 못한다. 또한 조심스럽게 구상한 계획을 산산조각 내는 예기치 못한 사고는 냉혹한 경제학자든 너그러운 자선사업가든 그 누구도 막을 수 없다. 게다가 손실의 근원이 한 가지 더 있으니, 직접적인 비밀정보와 구별되는 의도적인 틀린 정보다. 이건 주식 트레이더에게 다양한 모습으로 위장해서 접근하기 때문에 더 음흉하고 위험하다.

《제시 리버모어의 회상》 p427

There are many thousands of people who buy and sell stocks speculatively but the number of those who speculate profitably is small. As the public always is "in" the market to some extent, it follows that there are losses by the public all the time. The speculator's deadly enemies are: Ignorance, greed, fear and hope. All the statute books in the world and all the rules of all the Exchanges on earth cannot eliminate these from the human animal. Accidents which knock carefully conceived plans sky high also are beyond regulation by bodies of cold blooded economists or warm-hearted philanthropists. There remains another source of loss and that is, deliberate misinformation as distinguished from straight tips. And because it is apt to come to a stock trader variously disguised and camouflaged, it is the more insidious and dangerous.

법으로 인간을 부유하게 해주고 행복하게 만들어줄 수는 없다. 주식시장에서도 마찬가지다. 투자자에게 가장 무서운 적은 항상 자기 내부에서 튀어나온다. 사실 제시 리버모어가 여기서 지적하는 비밀정보나 의도적으로 틀린 정보 역시 공짜를 바라는 투자자의 헛된 바람만 없다면 아무 문제도 되지 않을 것이다.

익명의 출처에서 나온 기사를 경계하라

주식 트레이더는 각종 투기에 대한 지적 탐구와는 별개로 반드시 특정 사실들을 월스트리트에서 행해지는 게임과 관련지어 생각해봐야 한다. 어떻게 하면 돈을 벌 수 있을지 궁리하는 것은 물론이고 돈을 잃지 않으려면 어떻게 해야 하는지도 강구해야 한다. 무엇을 하지 말아야 하는가를 아는 것은 무엇을 해야 하는가를 아는 것만큼이나 중요하다. 따라서 개별 종목의 주가가 오를 때는 사실상 모든 경우 어떤 식으로든 시세조종이 개입돼 있게 마련이며, 이 같은 주가 상승은 오로지 단 한 가지 목적, 즉 가능한 한 많은 이익을 남기고 팔겠다는 목적을 가진 내부자들이 만들어낸 것이라는 점을 기억해두는 게 좋다. 하지만 대개의 증권회사 고객들은 그저 어떤 종목의 주가가 왜 오르는지 그 이유를 알려고 하는 것만으로 자신이 주도 면밀한 사업가가 되는 양 착각한다. 당연히 시세조종 주도자들은 주식을 대규모로 처분하는 데 도움이 되도록 미리 계산된 방식으로 이번 상승을 "설명한다." 만일 익명의 출처를 내세워 주가 상승을 부추기는 기사를 싣지 못하게 한다면, 즉 대중들로 하여금 주식을 매수하거나 계속 보유하도록 조장하는 기사를 금지한다면 대중들이 입는 손실을 크게 줄일 수 있을 것이라고 확신한다.

《제시 리버모어의 회상》 p428

Quite apart from the intelligent study of speculation everywhere the trader in stocks must consider certain facts in connection with the game in Wall Street. In addition to trying to determine how to make money one must also try to keep from losing money. It is almost as important to know what not to do as to know what should be done. It is therefore well to remember that manipulation of some sort enters into practically all advances in individual stocks and that such advances are engineered by insiders with one object in view and one only and that is to sell at the best profit possible. However, the average broker's customer believes himself to be a business man from Missouri if he insists upon being told why a certain stock goes up. Naturally, the manipulators "explain" the advance in a way calculated to facilitate distribution. I am firmly convinced that the public's losses would be greatly reduced if no anonymous statements of a bullish nature were allowed to be printed. I mean statements calculated to make the public buy or hold stocks.

대중들은 주가 상승을 부추기는 말만 믿고 주식을 매수해 손실을 입는다. 그런가 하면 이런 말을 듣고 보유 주식을 팔지 않아 손실을 입는 경우도 많다. 작전세력이 대규모로 주식을 처분하려 할 때는 대중들로 하여금 주식을 매수하게 하거나 적어도 주식을 팔지 못하게 만드는 것이다.

내가 월스트리트 잡지 발행인이라면

당신이 발행하는 잡지를 내가 낸다면 나는 증권거래소 상장 기업과 여러 산업에 관한 사실을 대중들에게 알려주는 기사를 실을 겁니다. 독자들의 판단을 흐리게 하는 유명 인사들의 인터뷰는 싣지 않을 겁니다. 모든 산업, 특히 은행 업종의 현재 상황을 분석할 것입니다. 이렇게 다양한 분야의 산업활동 동향은 물론 자금시장의 흐름을 정확히 예측해줌으로써 대중들로 하여금 어떻게 하면 앞날을 대비할 수 있는지 알려주고, 어느 주식을 매매해야 돈을 벌 수 있는지도 말해줄 수 있을 겁니다. 여기 월스트리트에서 이뤄지는 게임은 한결같이 대중들을 속여먹는 것처럼 보입니다. 바로 그런 측면에서 대중들을 도와준다면 대중들도 고마워할 것입니다.

《Wall Street Ventures & Adventures Through Forty Years》

If I were running your magazine I would print articles showing the public the facts about various industries and the companies whose securities are listed on the Stock Exchange. And I would not let any big men contribute any of their deceptive interviews. I would study conditions in all the industries and especially banking conditions, and I would make definite forecasts as to the tendencies in these various fields of activity as well as in the money markets, so that the public would be informed as to what they should prepare for in the future, and on which securities they will make the most money by buying and selling. The whole game down here in Wall Street appears to be deceiving the public. And if you will help the public to that extent I believe they will appreciate it.

제시 리버모어가 월스트리트를 어떻게 바라보는지 단적으로 보여주는 대목이다. 당시 그를 인터뷰한 리처드 와이코프는 〈매거진 오브 월스트리트 Magazine of Wall Street〉의 발행인이었다.

돈의 향기를 맡아보라

오래 전부터 나는 성공적으로 거래를 마친 뒤에는 습관처럼 현금을 인출했다. 한번에 20만 달러 혹은 30만 달러씩 찾곤 했다. 좋은 방법이다. 심리적으로도 충분히 해볼 만한 가치가 있다. 당신도 이런 방법을 쓰도록 하라. 현금을 세어보라. 나는 그렇게 해봤다. 내 손에 뭔가가 들려져 있다는 것을 알게 됐다. 그걸 느낄 수 있었다. 이게 진짜 돈이었다. 일단 자기 손가락으로 느껴볼 수 있는 돈은 증권회사 계좌나 은행 계좌에 들어있는 돈과 다르다. 직접 만져보면 뭔가 다른 의미를 얻을 것이다. 당신이 거둔 이익을 고집스럽게 날려버릴 가능성을 조금이라도 낮춰줄 수 있는 "소유하고 있다는 느낌" 같은 것 말이다. 그런 점에서 가끔 한번씩은 실제로 돈을 인출해 바라보라. 특히 한 차례 거래를 끝내고 다시 거래하기 전에 그렇게 해보라.

《주식 투자의 기술》 p50

For years, after a successful deal was closed, I made it a habit to draw out cash. I used to draw it out at the rate of $200,000 or $300,000 a clip. It is a good policy. It has a psychological value. Make it a policy to do that. Count the money over. I did. I knew I had something in my hand. I felt it. It was real. Money in a broker's account or in a bank account is not the same as if you feel it in your own fingers once in a while. Then it means something. There is a sense of possession that makes you just a little bit less inclined to take headstrong chances of losing your gains. So have a look at your real money once in a while, particularly between your market deals.

주식시장에서 제아무리 많은 돈을 번다 해도 그저 계좌 잔고의 숫자만 불어난다면 아무 소용도 없다. 주식 투자자가 시장에서 가져갈 수 있는 돈은 거래를 성공적으로 끝마친 뒤 자기 계좌에서 인출해가는 돈이 전부다. 따라서 성공적으로 거래를 마쳤을 때마다 자신이 거둔 이익 가운데 일정 금액을 떼어내 안전한 금고 속에 넣어두는 게 현명하다. 누구나 명심해두어야 할 철칙이다.

돈은 여러 하인들 가운데 하나일 뿐이다

내가 트레이딩을 하는 한 나에게 백만 달러는 단지 예비자금이 좀 많다는 의미일 뿐이다. 돈이 많다고 해서 트레이더가 더 편안해지는 것은 아니다. 부유하든 가난하든 트레이더라면 누구나 실수를 저지를 수 있고, 자신이 틀렸을 때는 결코 편안할 수 없기 때문이다. 백만장자가 옳은 판단을 내렸을 때 그가 가진 돈은 자신이 부릴 수 있는 여러 하인들 가운데 하나일 뿐이다. 돈을 잃는다는 것 역시 나에게는 가장 부수적인 문제일 뿐이다. 손실이란 일단 그것을 받아들인 다음에는 더 이상 나를 괴롭히지 않는다. 하룻밤 지나고 나면 다 잊혀진다. 그러나 틀려놓고도, 손실을 받아들이지 않고 가만히 있는다면, 그것이야말로 돈지갑과 자기 영혼에 상처를 입히는 것이다.

《제시 리버모어의 회상》 p182

As far as my trading went, having a million merely meant more reserves. Money does not give a trader more comfort, because, rich or poor, he can make mistakes and it is never comfortable to be wrong. And when a millionaire is right his money is merely one of his several servants. Losing money is the least of my troubles. A loss never bothers me after I take it. I forget it overnight. But being wrong—not taking the loss—that is what does the damage to the pocketbook and to the soul.

주식 투자자가 돈에 너무 집착해서는 안 된다. 중요한 건 얼마나 옳은 판단을 내렸으며, 얼마나 옳게 행동했느냐다. 제시 리버모어는 주가의 움직임을 제대로 읽어내고 현명하게 거래하는 방법을 터득하는 데서 즐거움을 찾았다. "문제를 해결하려면 그 전에 나 스스로 문제를 명확히 할 필요가 있었다. 해결책을 찾아냈다는 생각이 들면 내가 옳다는 것을 입증해야 했다. 그것을 증명하는 방법으로 나는 딱 한 가지밖에 알지 못했다. 바로 내 돈으로 입증하는 것이었다."

절약하는 습관은 금방 잊고 낭비하는 습관은 금방 든다

일반적으로 우리 인간은 자신이 처한 상황에 너무 빨리 적응하는 바람에 넓게 조망하는 시야를 잃어버린다. 달라진 점을 크게 느끼지 못한다는 말이다. 백만장자가 되고 난 뒤에는 그 이전에 자신이 어떻게 느꼈는지 생생하게 기억하지 못한다. 단지 지금은 할 수 있는데 예전에는 할 수 없었던 게 있었구나 하고 떠올릴 뿐이다. 그리 나이가 많지 않은 보통 사람은 가난했던 시절의 습관을 잊는 데 오랜 시간이 걸리지 않는다. 부자로 지냈던 시절을 잊는 데는 좀더 긴 시간이 필요하다. 이렇게 되는 이유는 돈이라는 게 필요를 만들어내고 스스로 증식하려고 하기 때문인 것 같다. 주식시장에서 돈을 벌게 되면 눈깜짝할 사이에 절약하는 습관을 잊고 만다는 얘기다. 그런데 돈을 날린 뒤에 이전의 낭비하던 습관을 버리는 데는 오랜 시간이 필요하다.

《제시 리버모어의 회상》 p183

As a rule a man adapts himself to conditions so quickly that he loses the perspective. He does not feel the difference much that is, he does not vividly remember how it felt not to be a millionaire. He only remembers that there were things he could not do that he can do now. It does not take a reasonably young and normal man very long to lose the habit of being poor. It requires a little longer to forget that he used to be rich. I suppose that is because money creates needs or encourages their multiplication. I mean that after a man makes money in the stock market he very quickly loses the habit of not spending. But after he loses his money it takes him a long time to lose the habit of spending.

인간이 만족을 모르고 끊임없이 더 큰 만족을 찾아 헤매는 이유는 너무 빨리 적응하기 때문일 것이다. 인간은 상황에 재빨리 적응하도록 진화해왔다. 그건 인간의 숙명이다. "시장에서 생활비를 버는 동안에는 전혀 검소하게 살 필요성을 느끼지 못했다." 제시 리버모어의 이 말처럼, 큰돈을 벌면 무절제한 사치와 낭비로 빠져드는 허영심 역시 주식 투자자 내부에 도사리고 있는, 너무나 값비싼 대가를 요구하는 또 하나의 적이다.

따로 저축해두라

부채를 전부 정리한 뒤 나는 상당히 많은 금액을 연금에 넣어두었다. 다시는 가난해지지 않을 것이며, 피곤하게 살지도 않을 것이고, 판돈을 축내는 일도 없을 것이라고 다짐했다. 물론 결혼한 다음에는 아내를 위해 돈 일부를 신탁해두었다. 아들을 낳은 다음에는 아들 앞으로도 신탁을 해두었다. 내가 이렇게 한 이유는 주식시장이 그 돈을 내게서 빼앗아가는 게 두렵기 때문이기도 했지만, 인간이란 자기가 마음대로 할 수 있는 것은 전부 써버린다는 걸 잘 알고 있기 때문이었다. 아내와 아이들을 위해 따로 신탁해둔 것은 내가 건드릴 수 없었다. 나처럼 똑같이 해두었다가 막상 돈이 필요해지자 아내를 교묘히 설득해 신탁을 해지하도록 한 친구를 여럿 봤다. 하지만 나는 내가 원하든 아내가 원하든 무슨 일이 있어도 신탁이 그대로 유지되도록 확실히 해두었다. 우리 부부 누구의 공격으로부터도 절대적으로 안전하다. 투기를 위해 돈이 필요해도 안전하다. 심지어 헌신적인 아내의 사랑으로부터도 안전하다. 나는 이 돈을 절대 건드릴 수 없는 것이다!

《제시 리버모어의 회상》 p281

After I paid off my debts in full I put a pretty fair amount into annuities. I made up my mind I wasn't going to be strapped and uncomfortable and minus a stake ever again. Of course, after I married I put some money in trust for my wife. And after the boy came I put some in trust for him. The reason I did this was not alone the fear that the stock market might take it away from me, but because I knew that a man will spend anything he can lay his hands on. By doing what I did my wife and child are safe from me. More than one man I know has done the same thing, but has coaxed his wife to sign off when he needed the money, and he has lost it. But I have fixed it up so that no matter what I want or what my wife wants, that trust holds. It is absolutely safe from all attacks by either of us; safe from my market needs; safe even from a devoted wife's love. I'm taking no chances!

알려지기로는 이때 제시 리버모어는 500만 달러를 연 4% 금리로 맡겨두었다고 한다. 덕분에 그는 1934년 파산한 뒤에도 가족 앞으로 나오는 매년 5만 달러의 연금을 받아 풍족한 생활을 할 수 있었다.

이론을 배웠으면 행동에 나서야 한다

나는 이제 안전하게 거래했다. 왜냐하면 누구든 한번 추락해본 다음에는 비록 정상까지는 올라가지 못한다 하더라도 비상(飛翔) 자체가 즐겁기 때문이다. 돈을 벌기 위해서는 그저 돈을 벌기만 하면 된다. 그런데 큰돈을 벌기 위해서는 아주 정확한 시점에 정확해야 한다. 주식 투기라는 사업에서는 누구든 이론과 실천 모두를 고려해야 한다. 투기자는 단지 배우는 학생에 그쳐서는 안 된다. 반드시 학생인 동시에 투기자가 돼야 한다.

《제시 리버모어의 회상》 p166

I was now playing safe, because after being down a man enjoys being up, even if he doesn't quite make the top. The way to make money is to make it. The way to make big money is to be right at exactly the right time. In this business a man has to think of both theory and practice. A speculator must not be merely a student, he must be both a student and a speculator.

제시 리버모어는 앞서 샌프란시스코 대지진 당시 25만 달러를 벌었지만, 약세장을 너무 일찍 내다보고 서둘러 공매도하는 바람에 이 돈을 전부 날렸다. 옳았지만 빈털터리가 된 것이다. 이렇게 해서 리버모어는 귀중한 가르침 하나를 배운 것이다. 비록 큰 손실을 보았다 해도 거기서 교훈을 얻었다면 결코 아쉬워할 필요는 없다.

알려지기를 원치 않는다

나는 내 개인적인 일을 갖고 누구랑 얘기하는 걸 좋아하지 않습니다. 월스트리트에서 나를 아는 사람은 거의 없고, 나 또한 알려지기를 원치 않습니다. 월스트리트에서는 누군가가 대성공을 거뒀다고 하면 그 사람이 누구인지 수소문합니다. 물론 주식시장에서 큰돈을 번 다음 자신의 성과를 널리 알리는 사람들도 있습니다. 나는 그저 조용히 내게 들어온 돈의 향기를 맡고 싶습니다. 조용히 돈을 벌었듯이 말이지요.

〈Chicago Daily Tribune〉 1907년 11월 12일

I prefer not to discuss my personal affairs. Few men in Wall Street know me, and I prefer not to be known. When a man has been successful down there, Wall Street is looking for him. There are those who have won fortunes in the markets and heralded their success. I prefer to enjoy my gains as quietly as I won them.

1907년 10월 패닉에서 300만 달러 이상을 번 제시 리버모어는 일약 유명인사가 됐다. 신문에서는 "수염도 나지 않은 젊은 승부사가 주가 폭락의 조짐을 정확히 읽고 크게 한 건 했다"고 썼다. 이 기사는 리버모어의 실명이 실린 첫 인터뷰였다. 오로지 혼자서 아무 말없이 트레이딩에 전념하는 리버모어의 성격을 잘 보여주는 대목이다. 아쉬운 점은 끝까지 이렇게 조용히 지냈어야 했는데, 그도 결국 대중의 이목에서 벗어날 수 없었다는 것이다.

혼자서 하는 이유

"내가 바보짓을 한다면 나 혼자 고통을 받을 것이고, 그 대가는 내가 즉시 치를 겁니다. 내가 모르는 채무도 없을 것이고, 예기치 않게 난처한 일을 당하는 경우도 없겠지요. 내가 혼자서 하는 것은 내가 선택한 일이고, 실은 그게 가장 현명하기도 하거니와 제일 비용이 적게 드는 방법이기 때문입니다. 나는 다른 트레이더들과 머리 싸움을 하는 데서 즐거움을 얻습니다. 내가 만나본 적도 없고, 얘기를 나눠본 적도 없으며, 사라 팔라 조언해준 적도 없고, 앞으로 만날 일도 서로 알게 될 일도 없는 트레이더들 말입니다. 돈을 벌면 그것으로 내 의견이 옳았다는 확신을 얻습니다. 나는 내 의견을 팔지도 않고, 그것을 다른 데다 이용하지도 않습니다. 만일 다른 방식으로 돈을 번다면 그건 정당하게 번 돈이 아니라고 생각할 것입니다. 선생님의 제안은 관심이 없습니다. 나는 투기라는 게임을 오로지 혼자서, 나 자신의 방식으로 해나가는 데만 관심이 있으니까요."

《제시 리버모어의 회상》 p221

"If I fool myself I alone suffer and I pay the bill at once. There are no drawn-out payments or unexpected annoyances. I play a lone hand by choice and also because it is the wisest and cheapest way to trade. I get my pleasure out of matching my brains against the brains of other traders—men whom I have never seen and never talked to and never advised to buy or sell and never expect to meet or know. When I make money I make it backing my own opinions. I don't sell them or capitalise them. If I made money in any other way I would imagine I had not earned it. Your proposition does not interest me because I am interested in the game only as I play it for myself and in my own way."

제시 리버모어가 퍼시 토마스를 처음 만났을 때 한 말이다. 그런데도 결국 리버모어는 당했다. 그는 이렇게 말한다. "누구도 자신의 신념에 반하는 믿음을 강요당할 수는 없지만, 집요한 설득으로 인해 불확실하게 느끼고 우유부단해질 수는 있다. 이보다 더 나쁜 것은 이로 인해 더 이상 확신과 여유를 갖고 매매할 수 없게 된다는 점이다."

미래의 위험을 감지하는 능력

시장이 온통 희망에 부풀어 벌겋게 달아올랐을 때 마음속 어딘가에서 이유를 알 수 없는 위험 신호가 자꾸 반짝거렸던 적이 틀림없이 있었을 것이다. 이건 긴긴 세월 시장과 함께 하면서 시장을 연구한 데서 얻어진 아주 특별한 감각 가운데 하나일 뿐이다. 나는 솔직히 내면 어딘가에서 들려오는 귀띔정보를 늘 의심하는 편이고, 대개는 과학적인 원칙을 냉정하게 적용하기를 더 선호한다. 하지만 잔잔한 바다를 항해하고 있는 것 같았는데 갑자기 아주 불편한 느낌이 들어 정신을 바짝 차리는 바람에 위기를 모면한 경우가 여러 차례 있었다는 사실 역시 부인할 수 없다. 트레이딩을 하면서 보게 되는 이런 신비한 초감각이 흥미로운 이유는, 다가올 위험을 감지하는 능력은 오로지 시장의 움직임을 예의주시하며 과학적 패턴에 따라 주가의 흐름을 결정하려고 애쓰는 사람에게서만 발견할 수 있다는 점 때문이다. 반면 그저 강세 혹은 약세 분위기에 따라 투기하는 일반 대중은 여기저기서 흘려 들었거나 신문 같은 데서 읽은 내용만 따라 할 뿐이다.

《주식 투자의 기술》 p71

I believe many operators have had similar experiences with that curious inner mind which frequently flashes the danger signal when everything marketwise is aglow with hope. It is just one of those peculiar quirks that develops from long study and association with the market. Frankly, I am always suspicious of the inner mind tip-off and usually prefer to apply the cold scientific formula. But the fact remains that on many occasions I have benefited to a high degree by giving attention to a feeling of great uneasiness at a time when I seemed to be sailing smooth seas. This curious sidelight on trading is interesting because the feeling of danger ahead seems to be pronounced only among these sensitive to market action, those whose thoughts have followed a scientific pattern in seeking to determine price movements. To the rank and file of persons who speculate the bullish or bearish feeling is simply based on something overheard or some published comment.

아무도 미래를 정확히 예측하지 못한다. 그러나 우리는 제한된 범위 안에서 앞날을 내다볼 수 있다. 현재는 늘 미래를 향해 나아가고 주의 깊게 관찰하면 오늘의 시장 환경 속에서 내일의 위험과 희망을 읽어낼 수 있다.

예측의 정확성과 용기

나는 내 예측이 옳다는 사실을 계속해서 증명할 수 있다는 것 외에는 아무 생각도 하지 않았다. 내 머리를 써서 정확히 예측해낸다는 것 자체가 너무너무 신나는 일이었다. 10주를 거래하면서 검증해본 내 예측이 정확히 들어맞았다 해도 이제 100주를 거래한다면 열 배 더 정확해져야 했다. 증거금이 많아질수록 내 예측은 더 정확해질 필요가 있었다. 더 용감해져야 할까? 아니다. 아무 차이도 없다. 가진 게 10달러가 전부고 이걸 몽땅 판돈으로 걸려면, 100만 달러를 따로 챙겨놓고 나머지 100만 달러를 걸 때보다 더 용감해져야 한다.

《제시 리버모어의 회상》 p21

I didn't think of anything except that I could keep on proving my figuring was right. That's all the fun there is being right by using your head. If I was right when I tested my convictions with ten shares I would be ten times more right if I traded in a hundred shares. That is all that having more margin meant to me—I was right more emphatically. More courage? No! No difference! If all I have is ten dollars and I risk it, I am much braver than when I risk a million, if I have another million salted away.

제시 리버모어의 투자 철학이 고스란히 배어있는 대목이다. 그에게 투기의 목적은 큰돈을 버는 게 아니라 자신의 판단이 옳다는 것을 증명하는 것이었다. 주식시장에서 거두는 수익은 옳은 판단이 가져다 준 보상에 불과했다. 리버모어에게 많은 돈을 번다는 것은 더 크게 판돈을 걸 수 있다는 것 외에 아무것도 아니었다.

멈칫거리지 말라

분별력 있는 투기자라면 누구나 위험 신호를 늘 예의주시한다. 그런데 참 이상한 것은 반드시 포지션을 정리하고 빠져나와야 할 때 자기 내부의 무언가가 붙잡는 바람에 그런 용기를 내지 못하고 주저앉아버리는 고질병을 대부분의 투기자들이 갖고 있다는 것이다. 이들이 멈칫거리며 망설이는 동안 시장은 몇 포인트나 더 불리하게 돌아간다. 그러면 매수 포지션을 취했던 투기자는 이렇게 말한다. "다음 번 반등 때는 빠져나갈 거야!" 바라던 대로 마침내 다음 번 반등이 찾아오면 앞서 하겠다고 마음먹었던 것을 잊어버린다. 이들이 보기에 시장은 다시 괜찮게 돌아가고 있기 때문이다. 그러나 반등은 일시적인 기세에 불과해 곧 사그라진다. 그 뒤 시장은 가차없이 하락세를 타기 시작한다. 이들은 주저하고 망설이는 바람에 붙잡혀버린 것이다. 만일 이들이 가이드를 활용했더라면 어떻게 해야 할지 알았을 것이고, 그랬다면 막대한 손실을 줄일 수 있었을 뿐만 아니라 걱정할 필요조차 없었을 것이다.

《주식 투자의 기술》 p34

Every judicious speculator is on the alert for danger signals. Curiously, the trouble with most speculators is that something inside of them keeps them from mustering enough courage to close out their commitment when they should. They hesitate and during that period of hesitation they watch the market go many points against them. Then they say: "On the next rally I'll get out!" When the next rally comes, as it will eventually, they forget what they intended to do, because in their opinion the market is acting fine again. However, that rally was only a temporary swing which soon plays out, and then the market starts to go down in earnest. And they are in it—due to their hesitation. If they had been using a guide, it would have told them what to do, not only saving them a lot of money but eliminating their worries.

주식에 질질 끌려 다녀서는 안 된다. 상당한 이익을 얻은 다음에도 참고 기다릴 줄 알아야 하지만, 위험 신호를 무시할 정도로 고집스럽게 인내하는 것은 바보스러운 행동일 뿐이다. 우유부단함은 인내가 아니다.

결정적인 순간을 잡아라

성공이란 결정하는 순간에 달려있다고도 한다. 이런 방법으로 성공하려면 행동에 나설 수 있는 용기가 절대적으로 필요하다. 자신의 주가 기록이 그렇게 하라고 말할 때 즉각 행동해야 한다. 망설일 여지는 전혀 없다. 이런 식으로 행동할 수 있도록 마음가짐부터 단단히 단련해둬야 한다. 누가 설명해주기를 기다린다거나 이유가 밝혀지고 한번 더 확인될 때까지 머뭇거리다 보면 행동에 나서야 할 시점을 놓치고 말 것이다.

《주식 투자의 기술》 p91

Someone has said that success rides upon the hour of decision. Certainly success with this plan depends upon courage to act and act promptly when your records tell you to do so. There is no place for vacillation. You must train your mind along those lines. If you are going to wait upon someone else for explanations or reasons or reassurances, the time for action will have escaped.

정확한 판단을 내렸다면 그에 따른 보상을 손에 쥐어야 한다. 생각만 하고 행동에 옮기지 않는다면 아무것도 남지 않는다. 가상의 투자에 불과할 뿐이다. 느리게 창공을 선회하다 결정적인 순간을 잡아 먹이를 낚아채는 가을매처럼 민첩하게 행동해야 한다.

실수를 용서받을 수 있는 길

나는 사실 돈을 손해 보는 데는 워낙 익숙해 내가 저지른 실수 가운데 돈을 잃은 부분을 먼저 생각하는 법은 없다. 중요한 것은 늘 게임 그 자체기 때문이다. 나는 그래서 맨 먼저 나 자신의 한계와 사고 습관을 알고 싶어 한다. 돈을 잃은 것을 먼저 생각하지 않는 또 다른 이유는 똑같은 실수를 두 번 다시 반복하고 싶지 않기 때문이다. 자신이 저지른 실수를 용서받을 수 있는 유일한 길은 그 실수를 활용해 다음 번에 이익을 거두는 것뿐이다.

《제시 리버모어의 회상》 p224

I am so accustomed to losing money that I never think first of that phase of my mistakes. It is always the play itself, the reason why. In the first place I wish to know my own limitations and habits of thought. Another reason is that I do not wish to make the same mistake a second time. A man can excuse his mistakes only by capitalizing them to his subsequent profit.

얼마나 손실을 보았는가 보다 거기서 얼마나 많은 것을 배웠는가가 중요하다. 돈을 잃을 때마다 자기 자신을 되돌아보고 시장에 대해 다시 한번 생각해보는 기회로 삼는다면 오히려 득이 될 수 있다. 운 좋게 실수를 하지 않고 승승장구했다가 나중에 치명적인 상처를 입는 경우도 많다. 실수는 유용한 자산이다.

가진 돈을 전부 날려 보는 것

당신이 가진 모든 것을 전부 잃는 것만큼 무엇을 하지 말아야 하는지 제대로 가르쳐주는 것도 없다. 돈을 잃지 않기 위해서는 무엇을 하지 말아야 하는지 알았다면, 그때 비로소 이기기 위해서는 무엇을 해야 하는지 배우기 시작하는 것이다. 이해가 됐는가? 당신도 배우기 시작한 것이다!

《제시 리버모어의 회상》 p90

There is nothing like losing all you have in the world for teaching you what not to do. And when you know what not to do in order not to lose money, you begin to learn what to do in order to win. Did you get that? You begin to learn!

가진 돈을 전부 날려보는 것이야말로 매우 훌륭한 배움의 기회를 제공한다. 투자라는 게임은 게임으로만 가르친다. 가상의 투자로는 배울 수 없다. 오로지 실전 투자를 통해서만 배울 수 있다. 그리고 이 학교에서는 가르치는 동안 매를 아끼지 않는다. 그것도 아주 가혹한 매를!

제3부

투기에 대하여
ON SPECULATION

HEART *of* SPECULATION
JESSE LIVERMORE QUOTES

투기라는 게임은 변하지 않는다

역사가 그토록 자주, 또 그토록 똑같은 모습으로 반복하기를 좋아하는 곳으로 월스트리트만한 데도 없다. 최근에 벌어지는 투기 붐과 패닉에 관한 설명을 읽다 보면, 가장 강하게 뇌리를 때리는 생각은 주식 투기든 주식 투기자든 어쩌면 그리 예전이나 지금이나 차이가 없는가 하는 것이다. 투기라는 게임은 변하지 않으며 인간의 본성 역시 변하지 않는다.

《제시 리버모어의 회상》 p272

Nowhere does history indulge in repetitions so often or so uniformly as in Wall Street. When you read contemporary accounts of booms or panics the one thing that strikes you most forcibly is how little either stock speculation or stock speculators today differ from yesterday. The game does not change and neither does human nature.

주식시장에서 급등락이 벌어지면 마치 처음 보는 사건처럼 떠들어대지만 기억을 잘 더듬어보면 과거에도 그런 일이 벌어졌음을 확인할 수 있다. 시계의 추는 늘 좌우로 흔들리고 사람들은 항상 똑같은 원을 새롭게 돌 뿐이다. 인간의 본성은 인류 역사가 시작된 이래 한결같았다. 인간의 문제란 변하지 않는다는 것이다.

투기는 하나의 사업이다

투기를 하고자 한다면 반드시 사업가의 시각으로 투기를 바라보고, 그렇게 투기를 해야 한다. 많은 사람들이 잘못 생각하는 것처럼 투기를 한낱 도박으로 여겨서는 안 된다. 투기가 그 자체로 하나의 사업이라는 내 전제가 옳은 것이라면, 이 사업에 종사하는 사람들은 반드시 활용 가능한 모든 유익한 자료들을 동원해 투기를 배우고 이해하겠다는 결의를 가져야 할 것이다.

《주식 투자의 기술》 p15

Anyone who is inclined to speculate should look at speculation as a business and treat it as such and not regard it as a pure gamble as so many people are apt to do. If I am correct in the premise that speculation is a business in itself, those engaging in that business should determine to learn and understand it to the best of their ability with informative data available.

이것이 프로와 아마추어의 차이고, 성공하는 투자자의 비밀이기도 하다. 투기는 사업이다. 어림짐작이나 도박이 아니다. 투기는 아주 힘든 일이고 많은 노력을 필요로 한다. 제시 리버모어는 이렇게 덧붙인다. "투기를 하나의 성공적인 사업으로 만들기 위해 전념했던 지난 40년 세월 동안 나는 이 사업에 적용할 수 있는 새로운 원칙들을 발견했고, 지금도 발견해가고 있다."

투기는 외로운 사업

내 수하에는 아무도 없었다. 오로지 혼자서 내 사업을 했다. 그건 혼자 해야 하는 사업이었다. 내 머리로 하는 사업이니 말이다. 친구나 사업 파트너의 도움 없이도 주가는 내가 예측한 대로 움직일 수 있고, 또 예측과 달리 움직인다 해도 누가 나를 위해 그걸 멈춰줄 수는 없었다. 나는 어디서도 내 사업에 대해 누구에게 말해야 할 필요를 느끼지 못했다. 물론 친구들은 있었지만 내 사업은 항상 한 사람이 하는 1인 사업 그대로였다. 내가 지금까지도 늘 혼자서 주식 거래를 하는 것은 이런 이유 때문이다.

《제시 리버모어의 회상》 p22

I didn't have a following. I kept my business to myself. It was a one-man business, anyhow. It was my head, wasn't it? Prices either were going the way I doped them out, without any help from friends or partners, or they were going the other way, and nobody could stop them out of kindness to me. I couldn't see where I needed to tell my business to anybody else. I've got friends, of course, but my business has always been the same—a one-man affair. That is why I have always played a lone hand.

제시 리버모어를 비롯해 한때 월스트리트의 황제로 군림했던 투자의 대가들 상당수가 "외로운 늑대(Lone Wolf)"라는 별명을 가졌던 것은 우연이 아니다. 투자란 혼자만의 판단 아래 독립적으로 해나가야 하는 1인 사업이기 때문이다. 결정적인 순간에는 아무도 도와줄 수 없고, 누구에게서도 도움을 바랄 수 없는 게 투자다.

월스트리트의 성공 요소

성공이란 기본적으로 기회의 문제입니다. 당연한 말이기는 한데, 젊은 시절에는 일반적으로 기회를 감지할 만큼 경험이 많지 않습니다. (……) 월스트리트에서 성공하는 데 꼭 필요한 요소를 꼽자면 안목과 직관, 경험입니다. 젊은이라면 반드시 미래를 내다보는 안목을 길러야 합니다. 국내뿐만 아니라 국제적인 상황 변화에 항상 귀를 기울여야 합니다. 나는 늘 그래왔습니다. 아주 탁월한 직관력을 타고나지 못했다면 투기를 하지 않는 게 좋습니다. 직관은 월스트리트에서 행해지는 게임에서 가장 중요한 부분이니까요. 경험 역시 무엇보다 중요한 요소인데, 젊은 세대가 가장 큰 어려움에 부딪치는 게 바로 이 경험 때문입니다. 하지만 경험을 쌓아야만 합니다. 상황을 논리적으로 판단하다 보면 거기서 무엇을 배울 수 있는지 알게 될 겁니다. 15년 전 보스턴에서 이 일을 처음 시작한 이래로 나는 결코 돈을 그 자체로 높이 평가하지 않았습니다. 나에게 돈은 더 많은 경험을 쌓고 더 넓은 기회를 가질 수 있는 수단이기에 소중했던 것입니다.

〈New York Evening World〉 1908년 8월 11일

Success is, of course, primarily a matter of opportunity, but the difficulty with a young man is that he has not had enough experience, as a general thing, to always recognize the opportunity. (……) The essentials for success on Wall Street are anticipation, intuition and experience. A young man must school himself to look ahead, keeping himself informed as to the situation not only in this country but in foreign countries. I have always done that. Unless a man is born with strong powers of intuition he should keep out of speculation. It is a most important part of the Wall Street game. Experience is of course the most important requisite of all, and here is the chief difficulty the young man encounters. He should seek it, and reason every situation out so that he will realize the benefit from it. Since I started in Boston 15 years ago, I have never valued money for itself but as a means of gaining wider experiences and increasing my opportunities.

제시 리버모어가 7월물 면화 선물에서 대성공을 거둔 뒤 가진 인터뷰에서 한 말이다. 직관력과 경험은 성공하는 데 필수적인 요소지만, 쉽게 얻어지는 게 아니다. 그만큼 투기라는 사업에서 성공하기란 힘들고 어려운 일인 것이다. 비밀정보 따위로 쉽게 큰돈을 벌려는 아마추어 투자자들을 향해 리버모어가 왜 그렇게 싸늘한 눈길을 보내는지 확실히 알 수 있는 대목이다.

확률에 기초해 베팅하라

관찰, 경험, 기억, 수학적 사고, 이 네 가지는 성공하는 트레이더가 반드시 의지해야 할 요소다. 성공하는 트레이더는 정확하게 관찰할 뿐만 아니라 자신이 관찰한 것을 항상 기억한다. 인간의 비합리성에 대한 개인적 확신이 아무리 강하다 할지라도 절대 비합리적으로 베팅하지 않고, 예상할 수 없는 사건이 자주 벌어질 것이라는 느낌이 들었다 해도 그런 예상할 수 없는 사건에는 결코 베팅하지 않는다. 성공하는 트레이더는 반드시 확률에 기초해 베팅한다. 언제나 확률을 예측해내려고 노력한다. 투기라는 게임을 오랜 세월 경험했고, 꾸준히 공부했으며, 자신이 관찰한 것을 늘 기억하는 트레이더는 예상했던 일이 일어나고 있을 때는 물론 예기치 못했던 일이 벌어질 때도 즉시 대처할 수 있다.

《제시 리버모어의 회상》 p324

Observation, experience, memory and mathematics—these are what the successful trader must depend on. He must not only observe accurately but remember at all times what he has observed. He cannot bet on the unreasonable or on the unexpected, however strong his personal convictions may be about man's unreasonableness or however certain he may feel that the unexpected happens very frequently. He must bet always on probabilities—that is, try to anticipate them. Years of practice at the game, of constant study, of always remembering, enable the trader to act on the instant when the unexpected happens as well as when the expected comes to pass.

노련한 프로 트레이더도 충동적으로 보일 만큼 순간적으로 행동할 때가 종종 있다. 옆에서 보기에는 도저히 납득할 만한 이유를 발견할 수 없다. 하지만 그럼에도 불구하고 거기에는 그럴만한 이유가 충분히 있다. 왜냐하면 오랫동안 프로의 시각으로 관찰하고 생각하고 작업해오면서 축적해온 사실들에 기초해 모든 것을 전부 활용하기 때문이다.

투기는 어렵고 힘든 일이다

나는 여러 차례 파산했고, 그건 결코 유쾌한 기억이 아니지만, 내가 돈을 잃었던 이유는 월스트리트에서 돈을 잃는 모든 사람이 돈을 잃은 이유와 똑같았다. 투기란 아주 어렵고 노력을 요하는 사업이다. 투기를 하는 사람은 항시 자기 일에 집중해야 한다. 그렇지 않으면 금방 자기 일마저 잃게 된다.

《제시 리버모어의 회상》 p58

I went broke several times, and that is never pleasant, but the way I lost money is the way everybody loses money who loses money in Wall Street. Speculation is a hard and trying business, and a speculator must be on the job all the time or he'll soon have no job to be on.

투기는 사업이다. 어림짐작이나 도박이 아니다. 투기는 매우 힘든 일이며 많은 노력을 요한다. 버나드 바루크가 말했듯이 투자에 성공하기 위해서는 전념해야 한다. 그저 심심풀이로 주식에 투자해서는 결코 성공할 수 없다. 투기에 전념하면서 계속해서 배워나가야 남들처럼 돈을 잃지 않는다.

투기란 예측하는 것이다

투자에서 혹은 투기에서 성공하기 위해서는 반드시 어떤 주식의 다음 번 결정적인 주가 움직임이 어떻게 될지 자기 자신의 의견을 갖고 있어야 한다. 투기란 앞으로의 주가 흐름을 예측하는 것에 다름 아니다. 정확하게 예측하려면 분명한 근거를 갖고 예측해야 한다.

《주식 투자의 기술》 p16

To invest or speculate successfully, one must form an opinion as to what the next move of importance will be in a given stock. Speculation is nothing more than anticipating coming movements. In order to anticipate correctly, one must have a definite basis for that anticipation.

주식시장의 모든 움직임은 미래에 일어날 사건에 의해 정당화된다. 비록 100% 정확하게 예측하지는 못한다 할지라도 확실한 사실을 많이 수집할수록 그만큼 불확실성을 줄여나갈 수 있다.

주식 트레이더와 외과의사

주식 트레이더의 훈련 과정은 의학 교육과 비슷하다. 외과의사가 되려면 해부학과, 생리학, 약물학, 그리고 수십 가지의 부수적인 과목들을 오랜 기간 공부해야 한다. 외과의사는 이론을 배운 다음 평생 그것을 현장에서 실습한다. 온갖 종류의 병리학적 현상을 관찰하고 분류한다. 진단하는 법도 배운다. 만일 그의 진단이 옳다면—이건 그의 관찰이 정확한가에 달려있다—앞서 그가 내렸던 예단(豫斷)도 매우 뛰어났을 것이다. 물론 인간의 오류 가능성과 전혀 예기치 못했던 요인들로 인해 100% 적중하지는 못할 것이라는 점을 염두에 둬야 하겠지만 말이다. 계속 경험을 쌓아감에 따라 그는 정확한 진단을 하는 방법뿐만 아니라 그 자리에서 즉시 진단을 내리는 방법도 배울 것이다. 그러다 보면 많은 사람들은 그가 한눈에 진단을 내린다고 생각한다. 실제로는 그렇게 자동적인 게 아닌데도 말이다. 사실 그는 오랜 세월 관찰해왔던 수많은 사례들에 기초해 진단을 내리고 있는 것이다. 또한 진단을 내린 뒤에는 당연히 경험을 통해 배운 적절한 치료 방법을 통해서만 치료할 수 있을 것이다. 누구든 지식을 전수해줄 수는 있다. 자신이 갖고 있는 특별한 사실들을 색인카드로 묶어 전달해줄 수 있는 것이다. 그러나 경험은 전수해줄 수 없다. 무엇을 해야 하는지 알면서도 손실을 볼 수 있다. 제때 신속하게 움직이지 않는다면 말이다.

《제시 리버모어의 회상》 p323

The training of a stock trader is like a medical education. The physician has to spend long years learning anatomy, physiology, materia medica and collateral subjects by the dozen. He learns the theory and then proceeds to devote his life to the practice. He observes and classifies all sorts of pathological phenomena. He learns to diagnose. If his diagnosis is correct—and that depends upon the accuracy of his observation—he ought to do pretty well in his prognosis, always keeping in mind, of course, that human fallibility and the utterly unforeseen will keep him from scoring 100 per cent of bull's eyes. And then, as he gains in experience, he learns not only to do the right thing but to do it instantly, so that many people will think he does it instinctively. It really isn't automatism. It is that he has diagnosed the case according to his observations of such cases during a period of many years; and, naturally, after he has diagnosed it, he can only treat it in the way that experience has taught him is the proper treatment. You can transmit knowledge—that is, your particular collection of card indexed facts—but not your experience. A man may know what to do and lose money—if he doesn't do it quickly enough.

의사가 환자의 상태에 집중하듯이 트레이더는 주식시장의 상황을 주시해야 한다. 시장이 어떻게 움직이는가를 보면 어떤 식으로 거래를 해야 할지 결정적인 가이드를 얻을 수 있다. 의사가 환자의 체온과 맥박을 재보고 눈동자의 색깔과 혓바닥 상태를 살펴본 다음 진단을 내리듯이 말이다.

관찰하고 시험해보라

기회가 왔을 때 붙잡아야 한다. 그는 이런 기회를 기다려왔다고 할 수 있다. 자기가 팔고 싶을 때가 아니라 팔 수 있을 때 팔아야 한다. 그 시점을 알기 위해서는 관찰하고 시험해봐야 한다. 당신이 내놓을 물량을 시장이 언제 소화할 수 있을지 알아내는 데는 이 방법 외에 다른 어떤 요령도 없다. 다만 시장 상황을 정확히 판단했다는 확신이 들지 않는 한 주가가 어느 방향으로 막 움직이기 시작했을 때 당신이 투자할 물량을 전부 확보하는 건 현명하지 않다. 주가가 너무 높아 매수를 시작할 수 없는 경우란 없고, 주가가 너무 낮아 매도를 시작할 수 없는 경우 역시 없다. 그러나 처음 거래를 한 다음, 즉 첫 번째 거래에서 이익이 나지 않았다면 두 번째 거래를 해서는 절대 안 된다. 기다리면서 지켜보라. 바로 이때 당신은 시세를 읽어가면서 본격적인 거래를 개시할 시점을 결정할 수 있는 것이다. 얼마나 정확한 시점에 거래를 시작하느냐는 무척이나 중요하다. 이걸 깨닫기까지 나는 오랜 세월을 흘려 보내야 했다. 수업료로 수십만 달러를 지불해야 했다.

《제시 리버모어의 회상》 p136

When that opportunity comes he must seize it. As a rule he will have been waiting for it. He has to sell when he can, not when he wants to. To learn the time, he has to watch and test. It is no trick to tell when the market can take what you give it. But in starting a movement it is unwise to take on your full line unless you are convinced that conditions are exactly right. Remember that stocks are never too high for you to begin buying or too low to begin selling. But after the initial transaction, don't make a second unless the first shows you a profit. Wait and watch. That is where your tape reading comes into enable you to decide as to the proper time for beginning. Much depends upon beginning at exactly the right time. It took me years to realize the importance of this. It also cost me some hundreds of thousands of dollars.

여기서 제시 리버모어가 사례로 소개한 디콘 S.V. 화이트는 어떤 비밀정보든 정확한 판단을 위해 먼저 관찰하고 시험해봤다. 그리고 나서 행동해도 충분하기 때문이다. 투자 규모가 클수록 신중하게 움직여야 한다.

돈을 잃는 것보다 기회를 놓치는 게 더 무섭다

돈을 잃는 것은 그렇게 괴롭지 않다. 주식시장에서 손실을 볼 때면 나는 늘 뭔가를 배웠다고 생각한다. 비록 돈은 날렸지만 경험을 얻었고, 그런 점에서 돈은 수업료를 치른 셈이라고 여겼다. 누구든 경험을 쌓아야 하고, 그러기 위해서는 대가를 지불해야 한다. 그러나 내가 댄 윌리엄슨의 회사에서 겪은 경험에는 정말 뼈아픈 무언가가 있었는데, 그건 진짜 대단한 기회를 놓쳤다는 것이다. 돈을 잃는 건 아무것도 아니다. 언제든지 복구할 수 있다. 그러나 내가 그때 놓쳐버린 그런 기회는 매일같이 찾아오는 게 아니었다.

《제시 리버모어의 회상》 p256

The loss of the money didn't bother me. Whenever I have lost money in the stock market I have always considered that I have learned something; that if I have lost money I have gained experience, so that the money really went for a tuition fee. A man has to have experience and he has to pay for it. But there was something that hurt a whole lot in that experience of mine in Dan Williamson's office, and that was the loss of a great opportunity. The money a man loses is nothing; he can make it up. But opportunities such as I had then do not come every day.

당시 제시 리버모어는 신세를 졌다는 생각 때문에 스스로 발목을 옭아맸던 것이다. 그는 이렇게 말한다. "나는 잃어버린 수백만 달러를 되찾을 때까지 인내하면서 기다려도 될 만큼 아직 젊었다. 그러나 5년이라는 세월은 한 인간이 가난 속에서 견뎌내기에는 긴 시간이다. 젊었든 늙었든 그건 절대 좋은 일이 아니다. 재기의 발판이 될 시장도 없이 지내기란 낚시광인 내가 요트 없이 지내는 것보다 훨씬 더 힘들었다. 일생일대의 기회가 내가 앞서 날려버렸던 재산을 갖고 바로 내 눈앞에 나타나 있었다. 그런데 나는 손을 뻗어 그것을 잡을 수 없었다."

정확한 시점 포착이 중요하다

나는 실수를 저질렀다. 그런데 어디서? 나는 약세장에서 약세 시각을 가졌다. 이건 현명한 일이었다. 나는 주식을 공매도했다. 이것 역시 적절했다. 그런데 너무 빨리 매도했다. 이로 인해 값비싼 대가를 치러야 했다. 내 포지션은 맞았지만 실제 거래는 틀렸던 것이다. (……) 내가 저지른 실수를 공부하면 돈으로 연결된다는 사실을 늘 깨닫는다. 그 덕분에 나는 약세장에서는 매도 포지션을 놓치지 않는 게 매우 중요하지만, 시세를 읽어가면서 거래하기에 적당한 시점을 반드시 결정해둬야 한다는 점을 알게 됐다. 시작하는 시점이 정확하면 일단 이익을 거둔 포지션이 심각한 타격을 입을 리 없다. 그러면 아무 걱정 없이 꿋꿋이 밀고 나갈 수 있다.

《제시 리버모어의 회상》 p143

I had made a mistake. But where? I was bearish in a bear market. That was wise. I had sold stocks short. That was proper. I had sold them too soon. That was costly. My position was right but my play was wrong. (……) I have always found it profitable to study my mistakes. Thus I eventually discovered that it was all very well not to lose your bear position in a bear market, but that at all times the tape should be read to determine the propitiousness of the time for operating. If you begin right you will not see your profitable position seriously menaced; and then you will find no trouble in sitting tight.

시장의 방향을 올바르게 잡아내는 것도 필요하지만, 정확한 타이밍이 올 때까지 우직하게 기다렸다가 비로소 달려드는 것 역시 중요하다. "옳은 판단을 했으나 그것이 너무 빨라 돈을 잃은 사람들은 월스트리트에서 얼마든지 만날 수 있다."(윌리엄 피터 해밀턴)

최소 저항선이 드러날 때까지 기다리라

때가 무르익었다고 시세가 알려줄 때까지 기다려야 한다. 단지 싸게 보인다고 해서 주식을 매수했다가, 혹은 비싸 보인다는 이유로 공매도했다가 날려버린 돈을 따지면 그야말로 천문학적인 금액이 될 것이다. 투기자는 투자자가 아니다. 투기자의 목적은 괜찮은 금리로 꾸준한 수익률을 올리는 게 아니다. 자신이 무엇에다 투기를 했든 그것의 가격이 오르거나 내릴 때 이익을 거두는 게 투기자의 목적이다. 따라서 투기자는 트레이딩을 시작할 때 투기적 최소 저항선이 어디인지 결정해둬야 한다. 그리고 이 최소 저항선이 스스로 그 모습을 드러내는 순간을 기다려야 한다. 그것이 바로 바쁘게 움직이라는 신호기 때문이다.

《제시 리버모어의 회상》 p186

He should wait until the tape tells him that the time is ripe. As a matter of fact, millions upon millions of dollars have been lost by men who bought stocks because they looked cheap or sold them because they looked dear. The speculator is not an investor. His object is not to secure a steady return on his money at a good rate of interest, but to profit by either a rise or a fall in the price of whatever he may be speculating in. Therefore the thing to determine is the speculative line of least resistance at the moment of trading; and what he should wait for is the moment when that line defines itself, because that is his signal to get busy.

투기란 가격이 오를 때 혹은 가격이 내릴 때 이익(자본이득)을 얻을 것으로 기대하고 무엇을 사거나 파는 것이다. 따라서 불가피하게 리스크(손실을 볼 가능성)가 따른다. 이 리스크를 줄이기 위해 최소 저항선이 드러날 때까지 기다려야 하는 것이다.

해야 할 때와 하지 말아야 할 때가 있다

나는 이론과 실전 경험을 통해 주식시장에서 혹은 상품시장에서, 그 사업을 투기로 하든 투자로 하든 관계없이 그 어떤 것도 새로운 것은 없다는 사실을 충분히 검증할 수 있었다. 당연히 투기를 해야 할 때가 있으며, 이와 똑같이 투기를 해서는 안 되는 때가 반드시 있게 마련이다. 여기 아주 틀림없는 격언이 하나 있다. "경마장에 가서 한 번 돈을 딸 수는 있지만, 계속해서 돈을 딸 수는 없다." 주식 거래도 이와 마찬가지다. 주식에 투자하거나 투기를 해서 돈을 벌 수 있을 때가 있지만, 일년 내내 매일같이 혹은 매주 거래해서 끊임없이 돈을 벌 수는 없다. 앞뒤를 헤아리지 않는 무모한 사람들만이 그렇게 할 것이다. 그런 일은 있음직하지도 않고 일어날 수도 없다.

《주식 투자의 기술》 p16

My theory and practical application have proved to my satisfaction that nothing new ever occurs in the business of speculating or investing in securities or commodities. There are times when one should speculate, and just as surely there are times when one should not speculate. There is a very true adage: "You can beat a horse race, but you can't beat the races." So it is with market operations. There are times when money can be made investing and speculating in stocks, but money cannot consistently be made trading every day or every week during the year. Only the foolhardy will try it. It just is not in the cards and cannot be done.

무슨 일이든 다 때가 있게 마련이다. 조급해하지 말고 신중하게 시장을 잘 지켜보면 보다 유용한 신호를 읽을 수 있다. 행운은 때를 기다리며 지켜보는 자에게 돌아간다는 말도 있지 않은가!

기다리는 것도 투자다

큰 주가 흐름이 시작되는 시점을 정확히 판단했다면, 어떤 식으로 거래했든 처음부터 이익을 보게 될 것이다. 이때부터 해야 할 일은 경계를 늦추지 말고 위험 신호가 나타나는지 예의 주시하는 게 전부다. 위험 신호가 출현하면 일단 물러서서 평가이익을 실현해야 한다. 이 점을 기억하기 바란다. 당신이 아무 일도 하지 않는 동안 다른 사람들, 그러니까 매일같이 거래해야 한다고 생각하는 투기자들이 바로 당신이 도전할 다음 번 기회를 준비해가고 있는 것이다. 당신은 그들이 저지른 실수에서 이익을 수확하면 된다.

《주식 투자의 기술》 p35

If you have timed the movement correctly, your first commitment will show you a profit at the start. From then on, all that is required of you is to be alert, watching for the appearance of the danger signal to tell you to step aside and convert paper profits into real money. Remember this: When you are doing nothing, those speculators who feel they must trade day in and day out, are laying the foundation for your next venture. You will reap benefits from their mistakes.

주가 흐름이 자연스럽게 진행되는 동안에는 계속해서 주식을 보유한 채 참고 기다리는 인내가 무엇보다 중요하다. 그 다음부터는 위험 신호를 기꺼이 받아들이고 한 걸음 비켜설 수 있는 용기와 훌륭한 감각이 있어야 한다. 꾸준히 이 위험 신호에 주의를 기울인다면 장기적으로 상당한 수익을 거둘 것이다.

돈을 벌어주는 것은 인내다

시장을 둘러싼 상황에 비춰볼 때 내 판단이 옳다는 게 확실해질 때까지, 혹은 직관적으로 내가 틀렸다는 생각이 들 때까지 기다립니다. 내 판단이 틀리는 경우는 비일비재합니다. 그런 경우 나는 포지션을 바꿔 시장에서 완전히 빠져나와 버리거나, 때로는 포지션을 정반대로 가져가기도 합니다. 옳다는 판단에 따라 시장에 들어가고, 틀렸다는 직관에 따라 시장을 빠져나오는 것입니다. 그런 점에서 퀘이커 교도 노인의 말은 많은 것을 가르쳐줍니다. "시장의 움직임은 내 머리로 파악하지만 돈을 벌어주는 것은 내 엉덩이, 다름아닌 인내다."

《Wall Street Ventures & Adventures Through Forty Years》

I wait until conditions prove that I am right or until my intuition tells me I am wrong. Very often I am wrong. When that happens I change my position by getting out altogether, or sometimes I reverse and take the other side of the market. My judgment gets me in, but my intuition gets me out. I learned much from an old Quaker who said that his brain figured out the moves, but his backside—his patience—got him the money.

"강세장에서 당신이 해야 할 일은 매수한 다음 강세장이 끝나간다는 확신이 들 때까지 계속 보유하는 것이다." 제시 리버모어의 조언은 너무나도 간단하다. 그러나 이 단순한 가르침을 지키지 못해 얼마나 많은 투자자들이 다 잡았었던 기회를 스스로 놓아버리고 마는가? 기회를 잡는 것보다 기회가 왔을 때 끝까지 밀어붙이는 게 더 중요하다.

몇 수 앞을 내다보라

그는 절정의 기술로 게임을 했고 당연히 수익을 거뒀다. 내가 말하고 싶은 요점은 트레이딩을 대하는 그의 평소 자세다. 그는 오래 생각할 필요도 없었다. 그는 눈앞의 한 종목에서 얻을 수 있는 이익보다 훨씬 더 중요한 게 무엇인지 즉시 알아차렸다. 그는 대규모 공매도 작전을 개시할 적절한 시점뿐만 아니라 마침내 방아쇠를 당길 기회까지 하늘이 내려주셨다는 것을 알았다. 세인트폴 주식에 관한 비밀정보를 듣자 그는 즉각 이 정보가 그의 매도 공세에 최고의 무기로 쓰일 것임을 간파하고, 매도하는 대신 매수를 했던 것이다.

《제시 리버모어의 회상》 p210

He played his cards with consummate skill and profited accordingly. The point I would make is his habitual attitude toward trading. He didn't have to reflect. He saw instantly what was far more important to him than his profit on that one stock. He saw that he had providentially been offered an opportunity to begin his big bear operations not only at the proper time but with a proper initial push. The St. Paul tip made him buy instead of sell because he saw at once that it gave him a vast supply of the best ammunition for his bear campaign.

제시 리버모어는 여기서 애디슨 캐맥의 사례를 소개하고 있다. 세인트폴 철도의 대주주인 윌리엄 록펠러가 비밀리에 주식을 팔고 있다는 정보를 접하자 캐맥은 정보 제공자의 의도와는 반대로 이 주식을 매수했다. 그는 이미 다른 주식을 대규모로 공매도해둔 상태였고, 마침내 결정적인 순간이 닥쳤을 때 세인트폴 주식을 매도해 주가 하락의 기폭제로 삼았던 것이다.

나의 트레이딩 방식(1)

지금 현재 및 앞으로의 시장 상황이 각각의 업종별로 개별 기업들의 이익 창출 능력에 어떤 영향을 미칠지를 연구하는 것이야말로 내가 가장 중시하는 트레이딩 방법론입니다. 무엇보다도 앞으로 어떤 일이 벌어질 것인가를 예측해야 합니다. 향후 전망을 확실하게 내린 다음에는 심리적 순간을 기다립니다. 나는 아무렇게나 거래하지 않습니다. 얼마나 많이 거래할 것인지, 또 이 거래에서 손실 한도는 얼마로 할 것인지를 결정한 다음 정해진 물량은 한 번에 다 매수하거나 공매도합니다.

《Wall Street Ventures & Adventures Through Forty Years》

My principal method is to study the effect of present and probable future conditions on the earning power of the various companies engaged in different lines of industry. Anticipation of coming events is the whole thing. When I have my mind made up about this, I wait for the psychological moment. I do not deal promiscuously; instead, I decide how much I will trade in, and how much money I will risk on that trade, and then I buy or sell the whole quantity at once.

리처드 와이코프는 1921년 6월 제시 리버모어를 만났다. 당시 리버모어는 해리먼 증권회사(Harriman & Co,)에서 마련해준 전용 사무실에서 주식 거래를 하고 있었는데, 와이코프가 그를 찾아와 트레이딩 방법론을 묻자 이렇게 답한 것이다. 리버모어는 단기적인 주가 등락보다는 중장기적인 시장 흐름에 따라 거래했다. 그의 트레이딩 스타일은 강세장에서는 강세 흐름을 좇아, 약세장에서는 약세 흐름을 좇아 거래하는 것이었다.

나의 트레이딩 방식(2)

사람들은 주식 거래의 기본이 무엇인지 쉽게 이해하지 못하는 것 같다. 주식을 매수하는 가장 안전한 방법은 시장이 상승세를 탈 때 매수하는 것이라고 나는 자주 말한다. 그러니까 핵심은, 가능한 한 싸게 매수하려 한다거나 높은 주가에 공매도하려 하는 게 아니라 정확한 타이밍에 매수하고 매도하는 게 중요하다는 것이다. 시장이 하락할 것이라는 시각을 갖고 주식을 공매도할 경우 반드시 매도 주문을 낼 때마다 주가가 이전 체결가보다 낮아야 한다. 매수할 경우에는 이와 반대가 될 것이다. 매수 단가가 반드시 계속 높아져야 한다. 나는 매수 단가를 낮춰가며 매수하지 않으며, 매수 단가를 높이면서 매수한다. (……) 나는 결코 주식을 너무 싸게도 너무 쉽게도 매수하려고 하지 않는다.

《제시 리버모어의 회상》 p128

People don't seem to grasp easily the fundamentals of stock trading. I have often said that to buy on a rising market is the most comfortable way of buying stocks. Now, the point is not so much to buy as cheap as possible or go short at top prices, but to buy or sell at the right time. When I am bearish and I sell a stock, each sale must be at a lower level than the previous sale. When I am buying, the reverse is true. I must buy on a rising scale. I don't buy long stock on a scale down, I buy on a scale up. (……) I never want to buy stocks too cheap or too easily.

제시 리버모어가 제시하는 기본적인 주식 거래 이론이다. 무조건 싸서 사서 비싸게 팔겠다는 자세는 금물이다. 오히려 절대로 주식을 싸게 사지 말고, 비싸게 팔려고 하지 말라는 말이다. 주식을 매매하기 위해서는 반드시 상대방이 있어야 한다. 내가 매수할 때는 나에게 매도하는 상대방이 있어야 하고, 내가 매도할 때는 매수하는 상대방이 있어야 한다. 주식 거래는 상대방이 있어야 성립한다는 사실을 명심해야 한다.

나의 트레이딩 방식(3)

주가가 상승할 때 주식을 매수하면서 기꺼이 최고의 가격을 지불하고, 주식을 공매도할 때는 낮은 주가에서 팔아야 한다. 그렇지 않으면 아예 매매하지 않는다. 내가 이렇게 말하면 믿지 못하겠다는 표정을 짓는 노련한 트레이더들이 얼마나 많은지 정말 놀라울 지경이다. 어느 트레이더든 항상 자신의 투기적인 입장을 고수한다면, 즉 최소 저항선이 스스로 모습을 드러낼 때까지 기다리면서, 주가 테이프가 "올라간다"고 얘기할 때만 매수하고, "내려간다"고 얘기할 때만 매도한다면 주식시장에서 돈을 벌기란 그리 어려운 일이 아닐 것이다. 매수 물량은 주가가 올라갈 때 늘려나가야 한다. 우선 전체 매수 물량 가운데 5분의 1을 매수한다. 만일 여기서 수익이 나지 않는다면 보유 주식을 늘려서는 절대 안 된다. 왜냐하면 잘못된 길로 들어선 게 틀림없기 때문이다. 일시적으로 틀렸을 수도 있지만, 어떤 경우든 틀렸을 때는 한 푼의 이익도 얻지 못한다. "올라간다"고 말했던 바로 그 주가 테이프가 이제 와서 "아직은 아냐"라고 말한다고 해서 거짓말을 한 것은 아니다.

《제시 리버모어의 회상》 p194

It is surprising how many experienced traders there are who look incredulous when I tell them that when I buy stocks for a rise I like to pay top prices and when I sell I must sell low or not at all. It would not be so difficult to make money if a trader always stuck to his speculative guns —that is, waited for the line of least resistance to define itself and began buying only when the tape said up or selling only when it said down. He should accumulate his line on the way up. Let him buy one-fifth of his full line. If that does not show him a profit he must not increase his holdings because he has obviously begun wrong; he is wrong temporarily and there is no profit in being wrong at any time. The same tape that said up did not necessarily lie merely because it is now saying NOT YET.

프로 도박사는 이길 확률은 낮지만 배수(倍數)가 높은 판보다는 배수는 낮아도 확실히 돈을 딸 수 있는 판을 좋아한다. 주식시장에서도 마찬가지다. 적은 금액이라도 확실하게 벌 수 있는 자기만의 트레이딩 방식을 고수해 나갈 수 있다면 일류 트레이더라고 할 수 있다.

나의 트레이딩 방식(4)

내가 트레이딩하는 방식을 따라 하려면 우선 특정 주식과 관련된 상황을 파악해야 한다. 그 다음으로는 시장에 진입해도 괜찮은 주가가 어느 수준인지 결정하는 게 중요하다. 메모장에 기록해둔 주가를 분석하고, 지난 몇 주간의 주가 흐름을 꼼꼼히 따져보라. 자신이 선택한 종목이 앞서 결정해두었던 지점, 즉 본격적인 움직임이 시작되리라고 예상했던 가격에 도달했을 때가 바로 처음으로 매매를 감행해야 할 시점이다. 첫 매매를 실행할 때는 반드시 자신이 감수하고자 하는 리스크를 명확히 해두어야 한다. 즉 계산이 잘못됐을 경우 기꺼이 손실을 받아들일 수 있는 금액을 정해두라는 말이다. 한두 번은 이런 식으로 매매를 했다가 손해를 볼 수도 있다. 하지만 꾸준히 이렇게 해나가면서 분기점에 도달했을 때마다 빠지지 않고 시장에 재진입하게 되면 진짜 본격적인 움직임이 시작되는 순간을 붙잡을 수밖에 없을 것이다. 도저히 그 시점을 놓칠래야 놓칠 수가 없는 것이다. 그러나 무슨 일이 있어도 타이밍은 신중하게 잡아야 한다. 조바심을 냈다가는 비싼 대가를 치르고 만다.

《주식 투자의 기술》 p66

Under my trading practice you first would size up the situation in regard to a particular stock. Next it is important to determine at what price you should allow yourself to enter the market. Study your book of price records, study carefully the movements of the past few weeks. When your chosen stock reaches the point you had previously decided it should reach if the move is going to start in earnest, that is the time to make your first commitment. Having made that commitment, decide definitely the amount of money you are willing to risk should your calculations be wrong. You may make one or being consistent and never failing to re-enter the market again whenever your Pivotal Point is reached, you cannot help but be in when the real move does occur. You simply cannot be out of it. But careful timing is essential……impatience costly.

먼저 자신이 감수할 수 있는 리스크, 즉 손실의 한도를 정해두는 게 중요하다. 그리고 손절매 원칙을 철저히 지켜 한 번 틀렸다 해도 다시 도전할 수 있도록 해야 한다. 큰 기회를 잡을 수 있다면 작은 손실은 아무것도 아니다.

나의 트레이딩 방식(5)

내 트레이딩 방식을 알게 되면 많은 사람들이 놀랄지 모르겠다. 내가 정리한 기록에 의하면, 주식시장이 상승 추세를 이어가고 있으며 어떤 주식이 정상적인 조정을 거친 다음 신고가를 경신하면 곧바로 매수한다. 공매도 역시 이와 똑같은 방식을 따른다. 그 이유는 무엇인가? 나는 그 시점의 추세를 따르기 때문이다. 내가 정리한 기록이 나에게 앞으로 나가라는 신호를 보내오는 것이다! 나는 절대로 주가가 조정을 보일 때 매수하지 않고 랠리를 이어갈 때 공매도하지 않는다. 또 한 가지 핵심 사항이 있다. 처음 거래에서 손실이 났는데 재차 똑같은 거래를 한다면 그건 너무나 무모한 짓이라는 점이다. 절대로 물타기를 해서는 안 된다. 이 점은 반드시 명심해서 지워지지 않게 새겨두어야 한다.

《주식 투자의 기술》 p28

It may surprise many to know that in my method of trading, when I see by my records that an upward trend is in progress, I become a buyer as soon as a stock makes a new high on its movement, after having had a normal reaction. The same applies whenever I take the short side. Why? Because I am following the trend at the time. My records signal me to go ahead! I never buy on reaction or go short on rallies. One other point: It is foolhardy to make a second trade, if your first trade shows you a loss. Never average losses. Let that thought be written indelibly upon your mind.

현명한 투자자는 시장이 자신에게 유리하게 흘러갈 때는 투자 규모를 계속 늘려 이익을 더 키우지만, 시장이 자신에게 불리하게 움직일 때는 처음의 손실이 더 커지지 않도록 절대 투자 규모를 늘리지 않는다. 만일 어떤 주식을 매수했는데 주가가 올라가면 기다려야 한다. 그러나 매수한 종목의 주가가 떨어진다면 그건 매수 결정이 틀렸다는 것이므로 재빨리 매도해 손실을 끊어버려야 한다.

작은 손실은 보험이다

이익은 그냥 놔둬도 늘 알아서 굴러가지만 손실은 절대 그렇지 않다. 투기자는 처음의 작은 손실을 취함으로써 치명적인 손실로부터 스스로를 보호해야 한다. 그렇게 해야 계좌를 안전하게 지킬 수 있고, 가까운 장래에 건설적인 아이디어가 떠오르게 되면 앞서 자신이 틀렸을 때 보유했던 양만큼 주식을 재매수해 또 한번 승부를 걸어볼 수 있는 것이다. 투기자는 반드시 자기 자신의 보험을 스스로 책임져야 한다. 투기라는 사업을 계속 해나갈 수 있는 유일한 길은 투자 계좌를 철저히 지켜나가면서, 언젠가 시장에 대한 자신의 판단이 옳았을 때 돈이 없어 거래를 하지 못할 정도로 손실을 입는 일이 없도록 하는 것뿐이다.

《주식 투자의 기술》 p22

Profits always take care of themselves but losses never do. The speculator has to insure himself against considerable losses by taking the first small loss. In so doing, he keeps his account in order so that at some future time, when he has a constructive idea, he will be in a position to go into another deal, taking on the same amount of stock as he had when he was wrong. The speculator has to be his own insurance broker, and the only way he can continue in business is to guard his capital account and never permit himself to lose enough to jeopardize his operations at some future date when his market judgment is correct.

투자자가 가장 먼저 배워야 할 것은 손실을 보는 법이다. 손실을 재빨리 끊을 줄 알아야 한다는 말이다. 손실이 누적되면 객관적인 시각을 가질 수 없다. 일단 빠져나와야 편향된 시각을 버릴 수 있다. 또한 그래야 다음에 찾아올 기회를 잡을 수 있다.

가장 치명적인 실수

나처럼 투기라는 게임을 잘 알고 있는 사람이, 더구나 주식시장과 상품시장에서 투기를 한 경력이 12~14년이나 되는 사람이 어쩌면 그리 한치 오차도 없이 잘못된 행동을 했는지 믿기지 않을 정도다. 면화 선물은 손실을 기록하고 있었는데 계속 보유했다. 밀 선물은 이익이 나고 있었는데 전부 팔아버렸다. 정말 어처구니없는 바보짓이었다. 최소한의 변명이라도 해보자면 이건 내가 한 거래가 아니라 토마스가 한 것이었다. 투기를 하면서 저지를 수 있는 실수 가운데 손실이 난 종목을 계속해서 물타기 하려는 것만큼 치명적인 것도 없다. 내가 했던 면화 선물 거래가 얼마 뒤 이를 똑똑히 보여주었다. 반드시 손실이 나고 있는 것을 팔고 이익이 나고 있는 것은 계속 보유하라. 이 말대로 하는 게 현명하다는 것은 너무나도 자명한 사실이고, 이 말은 너무나도 잘 알고 있는데도 이 말과는 정반대로 행동했다는 게 지금 생각해봐도 참 신기할 따름이다.

《제시 리버모어의 회상》 p235

It seems incredible that knowing the game as well as I did and with an experience of twelve or fourteen years of speculating in stocks and commodities I did precisely the wrong thing. The cotton showed me a loss and I kept it. The wheat showed me a profit and I sold it out. It was an utterly foolish play, but all I can say in extenuation is that it wasn't really my deal, but Thomas'. Of all speculative blunders there are few greater than trying to average a losing game. My cotton deal proved it to the hilt a little later. Always sell what shows you a loss and keep what shows you a profit. That was so obviously the wise thing to do and was so well known to me that even now I marvel at myself for doing the reverse.

제시 리버모어가 말하는 "내 평생 가장 바보 같은 거래"다. 그는 이렇게 덧붙인다. "잘 되든 말든 나 자신의 관찰과 추론에 따라 매매한 게 아니라 순전히 다른 사람의 게임이나 하고 있었던 것이다. 이런 바보 같은 거래가 이대로 끝나지 않을 것은 너무나도 분명했다. 강세 시각을 가질 이유가 전혀 없는 상황에서 매수했을 뿐만 아니라 경험을 통해 얻은 직관과는 어긋나게 매수 물량을 늘려나갔다. 나는 옳게 거래하지 않았다. 남의 말을 듣다가 길을 잃어버린 셈이었다."

마진콜도 유용한 정보다

주식중개인에게서 들을 수 있는 딱 한 가지 확실한 정보가 있다. 바로 마진콜이다. 마진콜이 오면 즉시 계좌를 정리하라. 당신은 시장에서 잘못된 방향으로 베팅하고 있는 것이다. 왜 당신의 소중한 돈을 허튼 데다 주려고 하는가? 그 소중한 돈은 내일을 위해 잘 간수하라. 명백하게 손실이 나고 있는 거래보다는 더 매력적인 기회에 이 돈을 걸도록 하라.

《주식 투자의 기술》 p46

I know but one sure tip from a broker. It is your margin call. When it reaches you, close your account. You are on the wrong side of the market. Why send good money after bad? Keep that good money for another day. Risk it on something more attractive than an obviously losing deal.

제시 리버모어 특유의 직설적이면서 위트 넘치는 지적이다. 자기 계좌의 증거금이 부족할 정도로 손실을 봤다면 이미 손절매 시점이 지난 것이다. 하지만 지금이라도 정리해야 한다. 그래야 다음을 기약할 수 있다.

무엇이 다가오고 있는지 알 수 없을 때

어디선가 뭔가 잘못돼 가고 있다는 느낌은 왔다. 하지만 그게 무엇인지 정확히 짚어 낼 수는 없었다. 무언가가 다가오고 있는데, 그게 어디서 오는지 알 수 없다면 제대로 막아낼 수 없다. 그럴 때는 시장에서 빠져나오는 게 상책이다.

《제시 리버모어의 회상》 p29

I knew something was wrong somewhere, but I couldn't spot it exactly. But if something was coming and I didn't know where from, I couldn't be on my guard against it. That being the case I'd better be out of the market.

투자할 기회는 얼마든지 있다. 주식시장에서는 버스를 한번 놓쳤다고 해서 영영 떠나 보내는 게 아니다. 노련한 투자자일수록 보다 확실한 기회를 노린다. 뭔가 꺼림칙한 느낌이 든다면 그건 잠재의식이 보내주는 피하라는 신호다.

이유는 나중에 알아도 된다

주가가 등락하는 데는 당연히 그럴만한 이유가 있다. 하지만 주가는 왜, 무슨 까닭으로 자기가 그렇게 움직였는지는 전혀 신경 쓰지 않는다. 아무런 설명도 해주지 않는다. 나 역시 열네 살이던 그때도 주가에게 그 이유를 묻지 않았고, 마흔이 된 지금도 묻지 않는다. 어떤 종목의 주가가 오늘 왜 그렇게 움직였는지 그 이유는 며칠 혹은 몇 주나 몇 달 동안 알려지지 않을 수도 있다. 하지만 그게 대체 무슨 상관이란 말인가? 당신이 주가를 확인하고 해야 할 일은 바로 지금 일이지 내일 일이 아니다. 이유야 나중에 밝혀져도 된다. 그러나 행동은 당장 취해야 한다. 그렇지 않으면 주가는 당신을 두고 영영 떠나버린다. 나는 이런 경우를 수없이 지켜봤다.

《제시 리버모어의 회상》 p18

Of course there is always a reason for fluctuations, but the tape does not concern itself with the why and wherefore. It doesn't go into explanations. I didn't ask the tape why when I was fourteen, and I don't ask it today, at forty. The reason for what a certain stock does today may not be known for two or three days, or weeks, or months. But what the dickens does that matter? Your business with the tape is now—not tomorrow. The reason can wait. But you must act instantly or be left. Time and again I see this happen.

주식시장의 모든 움직임에는 그에 합당한 이유가 있다. 주가의 변동은 투자자가 어떻게 움직여야 할 것인지 알려주는 전령(傳令)이다. 명령을 가져온 병사에게 그 이유를 묻거나 옳고 그름을 따져봐야 아무 소용도 없다. 중요한 건 가장 효과적인 방법을 찾아서 당장 그 명령을 실행하는 것이다.

달려오는 기차는 무조건 피해야 한다

한 위대한 천재 투기자가 이런 이야기를 들려줬다. "위험 신호가 깜박거리고 있음을 감지하면 나는 절대 따지지 않습니다. 무조건 빠져나갑니다! 며칠 뒤 모든 게 다 괜찮아지면 그때야 언제든 다시 복귀할 수 있지요. 그 덕분에 나는 걱정도 덜고 손실도 많이 줄일 수 있었습니다. 이런 식으로 생각하는 거죠. 가령 철길을 따라 걷고 있는데, 기차가 시속 60마일 속도로 나를 향해 달려오고 있는 것을 봤습니다. 그렇다면 바보 천치가 아닌 다음에야 당연히 철길에서 벗어나 기차가 지나가게 하겠지요. 기차가 지나간 다음 나는 언제든 다시 철길을 따라 걸을 수 있으니까요. 내가 원하기만 한다면 말입니다." 나는 이 이야기를 떠올릴 때마다 생생하게 살아있는 투기의 지혜를 느낀다.

《주식 투자의 기술》 p33

A speculator of great genius once told me: "When I see a danger signal handed to me, I don't argue with it. I get out! A few days later, if everything looks all right, I can always go back in again. Thereby I have saved myself a lot of worry and money. I figure it out this way. If I were walking along a railroad track and saw an express train coming at me sixty miles an hour, I would not be damned fool enough not to get off the track and let the train go by. After it had passed, I could always get back on the track again, if I desired." I have always remembered that as a graphic bit of speculative wisdom.

직감적으로 다가오는 위험 신호가 늘 맞는 것은 아니다. 사실 주가의 움직임에 관한 한 100% 확신할 수 있는 것은 없다. 하지만 의심이 들 때는 일단 물러나 있는 게 현명하다.

예측할 수 없는 주식은 건드리지 말라

궁극적으로 투기라는 게임은 그 중심에 거스를 수 없는 엄격한 원칙은 있을 수 있지만, 수학이 전부도 아니고 고정불변의 법칙이 있는 것도 아니다. 내가 시세를 읽을 때도 단순한 산술 이상의 요소가 개입된다. 내가 주식의 움직임이라고 부르는 것인데, 주가의 흐름이 앞서 주의 깊게 관찰해두었던 이전 궤적을 따라 움직일 것인지 판단할 수 있게 해주는 것이다. 만약 그렇게 움직이지 않는다면 이 주식은 건드리지 말라; 무엇이 잘못됐는지 정확히 알 수 없다는 것은 그 주식이 앞으로 어느 방향으로 갈지 알지 못한다는 것이기 때문이다. 진단할 수 없다면 예측은 불가능하다. 예측할 수 없다면 이익도 얻을 수 없다.

《제시 리버모어의 회상》 p91

After all, the game of speculation isn't all mathematics or set rules, however rigid the main laws may be. Even in my tape reading something enters that is more than mere arithmetic. There is what I call the behavior of a stock, actions that enable you to judge whether or not it is going to proceed in accordance with the precedents that your observation has noted. If a stock doesn't act right don't touch it; because, being unable to tell precisely what is wrong, you cannot tell which way it is going. No diagnosis, no prognosis. No prognosis, no profit.

기술적 분석이 도움이 되는 경우도 있지만 맹신은 금물이다. 유연한 자세가 무엇보다 중요하다. 그래서 제시 리버모어는 "주가 티커의 움직임에만 몰두하는 대개의 티커 사냥꾼은 결국 틀리고 만다"고 말하는 것이다. 이들은 무엇보다 너무 한정된 시각으로 보기 때문이다. 융통성이 없어 값비싼 대가를 치르는 것이다.

주식의 성격을 파악하라

우리 인간들처럼 주식에도 저마다의 개성과 독특한 성격이 있다. 감수성이 예민하고 신경질적이며 흥분을 잘하는 주식들이 있는가 하면 솔직하면서도 직설적이고 논리적인 주식들도 있다. 개별 주식들의 이런 성격을 이해하고 존중해줘야 한다. 이들 주식이 어떻게 움직일지는 현재 상황이 처해있는 다양한 조건들 아래서만 예측 가능하다.

《주식 투자의 기술》 p30

Stocks, like individuals, have character and personality. Some are high-strung, nervous, and jumpy: others are forthright, direct, logical. One comes to know and respect individual securities. Their action is predictable under varying sets of conditions.

변동성이 심한 투기주가 있는가 하면 웬만해서는 잘 움직이지 않는 굼벵이 같은 주식도 있다. 시장의 현재 상황과 투자자 자신의 성격에 맞는 종목을 고르는 것 역시 중요하다.

영원한 주도주는 없다

여성용 의류나 모자, 값싼 장신구의 스타일이 유행에 따라 끊임없이 변하듯 주식시장의 주도주도 오래된 것은 도태하고 새로운 것이 그 자리를 대신한다. (……) 시간이 지나면 새로운 주도주가 부상할 것이고, 예전 주도주 가운데 일부가 탈락할 것이다. 주식시장이 존재하는 한 영원히 이런 식으로 흘러갈 것이다.

《주식 투자의 기술》 p42

Just as styles in women's gowns and hats and costume jewelry are forever changing with time, the old leaders of the stock market are dropped and new ones rise up to take their places. (……) In the course of time new leaders will come to the front; some of the old leaders will be dropped. It will always be that way as long as there is a stock market.

주도주를 따르되 화무십일홍(花無十日紅)이라는 옛말을 잊어서는 안 된다. 그러려면 유연한 사고를 가져야 한다. 오늘의 주도주들이 불과 1년 뒤에는 주도주가 아닐 수도 있다는 점을 명심해야 한다.

틀렸을 때는 대가를 치러야 한다

나는 내가 하는 비즈니스가 싸우거나 경합을 벌이는 거라고 생각하지 않는다. 나는 개인이든 집단이든 다른 투기자와 절대 싸우지 않는다. 나는 단지 그들과 의견이 다를 뿐이다. 다시 말해 시장을 둘러싼 기본적인 여건을 읽어내는 내 시각이 다르다는 것이다. 극작가들이 비즈니스 전쟁이라고 부르는 것은 사람들 사이의 싸움이 아니다. 그건 순전히 사업상의 비전을 놓고 경쟁하는 것이다. 나는 사실들, 오로지 사실들에만 집착하고자 하고, 그것에 따라 내 행동을 결정하려고 애쓴다. 버나드 M. 바루크가 엄청난 부를 축적한 성공 비결도 여기에 있다. 때로는 사실들, 즉 필요한 모든 사실들을 확실하게 볼 수 없거나 미리 내다볼 수 없는 경우가 있다. 혹은 논리적으로 사고하지 못할 때도 있다. 어떤 경우든 이럴 때는 손실을 본다. 내가 틀린 것이다. 틀렸을 때는 늘 그 대가를 치러야 한다.

《제시 리버모어의 회상》 p284

I do not think that my business is strife and contest. I never fight either individuals or speculative cliques. I merely differ in opinion—that is, in my reading of basic conditions. What playwrights call battles of business are not fights between human beings. They are merely tests of business vision. I try to stick to facts and facts only, and govern my actions accordingly. That is Bernard M. Baruch's recipe for success in wealth-winning. Sometimes I do not see the facts, all the facts clearly enough or early enough; or else I do not reason logically. Whenever any of these things happen I lose. I am wrong. And it always costs me money to be wrong.

현명한 투자자라면 자신이 저지른 실수에 대해 응당 대가를 치를 것이다. 실수를 저지르는 데는 누가 먼저랄 것도 없고, 예외나 봐주는 것도 없다. 피할 수 없는 실수를 두려워하기 보다는 즐겁게 손실을 만회할 방법을 찾아 나서야 한다.

직접 돈을 걸기 전까지는 알 수 없다

알다시피 평생 해온 일이라고는 주식과 상품 거래밖에 없었다. 약세 시각을 갖는 게 틀린 것이라면 당연히 강세 시각을 가져야 한다는 생각이 자연스럽게 들었다. 강세 투기자가 되는 게 맞다면 매수하는 게 절대적으로 필요한 일이었다. 예전에 팜비치에서 친구가 팻 허니의 십팔번이라고 했던 "직접 돈을 걸기 전까지는 알 수 없다!"는 말처럼 나 역시 시장에 대한 내 판단이 맞는지 틀리는지 반드시 증명해봐야 했다. 이 증명이란 매달 말 증권회사에서 보내오는 잔고증명서를 통해서만 가능했다.

《제시 리버모어의 회상》 p233

You know, I have done nothing in my life but trade in stocks and commodities. I naturally think that if it is wrong to be bearish it must be right to be a bull. And if it is right to be a bull it is imperative to buy. As my old Palm Beach friend said Pat Hearne used to say, "You can't tell till you bet!" I must prove whether I am right on the market or not; and the proofs are to be read only in my brokers' statements at the end of the month.

자기 돈으로 직접 베팅을 해봐야 알 수 있다. 머릿속으로 가상의 투자를 아무리 많이 해본들 프로의 감각을 익힐 수는 없다. 수영 교본을 아무리 많이 읽어도 물속으로 뛰어들지 않는 한 제대로 헤엄칠 수 없는 것과 같은 이치다.

기회는 불확실할 때 붙잡아야 한다

이 사례에서도 여실히 입증되듯이 자기가 어떤 주식을 매수하거나 매도해야 할 "충분한 이유"를 밝혀내려고 애써봐야 아무 소용도 없다. 만일 그런 이유를 손에 넣을 때까지 기다린다면, 적시에 나섰을 경우 충분히 잡을 수 있었을 기회를 놓쳐버리고 말 것이다! 투자자든 투기자든 꼭 파악해둬야 할 단 한 가지 "이유"는 시장 그 자체의 움직임뿐이다. 시장의 움직임이 자신의 예상과 틀린다거나 마땅히 가야 할 방향으로 가지 않는다면, 그게 바로 자기가 내린 판단을 바꾸고, 즉시 그에 따라 행동해야 할 이유인 것이다. 이 점을 명심하라: 어느 주식이든 그렇게 움직이는 데는 항상 그럴만한 이유가 있다. 그러나 이 점 역시 기억해두라: 기회는 그 이유가 확실히 알려지기 전에 붙잡아야지, 이유가 밝혀질 장래 시점까지 기다린다면 때는 이미 늦어 이익을 얻지 못할 것이라는 점이다.

《주식 투자의 기술》 p93

This incident proves the folly of trying to find out "a good reason" why you should buy or sell a given stock. If you wait until you have the reason given you, you will have missed the opportunity of having acted at the proper time! The only reason an investor or speculator should ever want to have pointed out to him is the action of the market itself. Whenever the market does not act right or in the way it should—that is reason enough for you to change your opinion and change it immediately. Remember: there is always a reason for a stock acting the way it does. But also remember: the chances are that you will not become acquainted with that reason until some time in the future, when it is too late to act on it profitably.

여기서 언급한 사례는 1939년 9월 독일의 폴란드 침공으로 제2차 세계대전이 발발했을 때의 일이다. 당시 주식시장은 선전포고 이후 급격한 상승세를 보인 뒤 자연적인 조정 국면에 접어들었다가 다시 회복해 신고가를 경신했는데, 철강 업종 주식들만 예외였다. 철강주는 영국 및 캐나다 정부가 보유 주식을 대규모로 내다팔았기 때문이다. 그러나 이 같은 사실이 밝혀진 것은 4개월이나 지난 다음이었다. 모든 게 확실하다면 주가가 끊임없이 등락할 이유도 없다. 불확실하기 때문에 주가가 움직이는 것이고, 결국 주식 투자란 이런 불확실성에 베팅하는 것에 다름 아니다.

늘 긴장된 자세를 유지하라

빠져나올 수 있을 때 빠져나와야 한다. 자기가 보유한 물량 전부를 소화할 만한 시장이 만들어졌을 때 매도해야 하는 것이다. 빠져나올 수 있는 기회를 놓쳐버리면 수백만 달러의 대가를 치러야 할 수도 있다. 머뭇거릴 여유는 없다. 그랬다가는 손실을 입는다. 빠져나와야 할 때 거꾸로 매수 경쟁에 뛰어들어 가격을 끌어올리는 방법으로 약세 투기자들을 저지하려고 해서도 안 된다. 그랬다가는 결과적으로 보유 물량이 더 많아져 시장의 소화 능력 자체를 더 떨어뜨릴 수 있기 때문이다. 기회가 왔다는 것을 알아차린다는 게 말처럼 쉽지 않다는 점을 얘기해주고 싶다. 늘 긴장된 자세로 주의를 게을리하지 말아야 기회가 문 앞에 고개를 디밀고 있을 때 꽉 붙잡을 수 있다.

《제시 리버모어의 회상》 p216

You have to get out when you can; when you have a market that will absorb your entire line. Failure to grasp the opportunity to get out may cost you millions. You cannot hesitate. If you do you are lost. Neither can you try stunts like running up the price on the bears by means of competitive buying, for you may thereby reduce the absorbing capacity. And I want to tell you that perceiving your opportunity is not as easy as it sounds. A man must be on the lookout so alertly that when his chance sticks in its head at his door he must grab it.

기회를 잡기 위해서는 늘 준비하고 있어야 한다. 누구도 대신해주지 않는다. 머뭇거리면 기회는 달아나버린다. 많은 사람들이 너무 지혜롭게만 하려다가 되레 결정적인 순간을 놓치고 만다. 주식시장은 냉정하고 누구에게나 공평하다.

자기 돈은 자신이 관리하라

여유 자금을 굴릴 때는 절대 다른 사람에게 맡겨둬서는 안 된다. 여유 자금이 몇 백만 달러가 됐든 몇 천 달러가 됐든 이건 반드시 지켜야 하는 중요한 가르침이다. 당신의 돈이기 때문이다. 당신이 그 돈을 잘 간수해야 그 돈은 당신 곁을 떠나지 않는다. 잘못된 투기야말로 그 돈을 잃는 가장 확실한 방법이다.

《주식 투자의 기술》 p45

When you are handling surplus income do not delegate the task to anyone. Whether you are dealing in millions or in thousands the same principal lesson applies. It is your money. It will remain with you just so long as you guard it. Faulty speculation is one of the most certain ways of losing it.

일임매매는 금물이다. 잘 아는 친구 사이라고 해서 일임매매를 맡겼다가는 돈도 잃고 친구도 잃을 수 있다.

자기 손으로 정리하고 기록하라

재차 강조하지만 당신 스스로 기록을 정리해야 한다. 당신이 손수 적어야 한다. 당신 편하자고 다른 사람에게 시켜서는 안 된다. 이렇게 기록하다 보면 새로운 아이디어들이 얼마나 많이 떠오르게 되는지 당신 자신도 놀라울 것이다. 아무도 당신에게 알려주지 않는 아이디어들이고, 당신 스스로 발견한 아이디어이자 성공의 비법이며, 당신은 이 비법을 혼자서만 간직할 것이기 때문이다.

《주식 투자의 기술》 p24

You must, I repeat, keep your own records. You must put down your own figures. Don't let anyone else do it for you. You will be surprised how many new ideas you will formulate in so doing, ideas which no one else could give to you, because they are your discovery, your secret, and you should keep them your secret.

스스로 기록하다 보면 자연스럽게 자신이 잘 아는 몇 종목에 집중할 수 있게 된다. 한꺼번에 너무 많은 종목을 관찰하고 기록하는 건 바람직한 방법이 아니다. 문제만 복잡해지고 머리만 어지러워진다. 제시 리버모어는 "네 가지 탁월한 업종에서 각각 두 종목씩 선정해 정확히 주가 흐름을 분석해보기만 하면 굳이 나머지 주식들이 어떻게 움직일지 걱정하지 않아도 된다"고 말한다.

작은 등락에 연연하지 말라

주가의 작은 등락을 전부 잡아낼 수 있는 사람은 이 세상에 아무도 없다. 강세장에서 해야 할 게임은 강세장이 막바지에 다다랐다는 생각이 확실해질 때까지 매수 후 보유하는 것이다. 이렇게 하기 위해서는 비밀정보에 귀 기울이거나 개별 종목에 영향을 미치는 특별한 요인에 신경 쓰지 말고 시장을 둘러싼 여건을 공부해야 한다. 그 다음에는 모든 주식을 처분하라. 완전히 빠져나오라! 이제 시장이 방향을 틀었음을 확인할 때까지, 혹은 확인했다는 생각이 들 때까지 기다리라. 시장의 전반적인 여건이 반전되기 시작할 때까지 말이다. 이렇게 하려면 머리를 써야 하고 비전을 가져야 한다. 그렇게 하지 않는다면 지금까지의 내 조언이 그저 쌀 때 사서 비쌀 때 팔라는 말처럼 우습게 들릴지도 모른다. 누구라도 배울 수 있는 가장 도움이 되는 말 가운데 하나는 마지막 8분의 1달러나 처음 8분의 1달러까지 잡으려고 하지 말라는 것이다. 이 둘은 세상에서 가장 비싼 대가를 치러야 하는 8분의 1달러다. 주식 트레이더들이 이로 인해 날린 돈을 전부 합친다면 콘크리트로 대륙횡단 고속도로를 건설할 만한 엄청난 금액이 될 것이다.

《제시 리버모어의 회상》 p105

Nobody can catch all the fluctuations. In a bull market your game is to buy and hold until you believe that the bull market is near its end. To do this you must study general conditions and not tips or special factors affecting individual stocks. Then get out of all your stocks; get out for keeps! Wait until you see—or if you prefer, until you think you see the turn of the market; the beginning of a reversal of general conditions. You have to use your brains and your vision to do this; otherwise my advice would be as idiotic as to tell you to buy cheap and sell dear. One of the most helpful things that anybody can learn is to give up trying to catch the last eighth or the first. These two are the most expensive eighths in the world. They have cost stock traders, in the aggregate, enough millions of dollars to build a concrete highway across the continent.

제시 리버모어가 젊은 시절 큰돈을 벌었다가 금세 날려버렸던 이유는 시장의 큰 흐름을 무시한 채 시도 때도 없이 매매하려고 했기 때문이다. 대세상승이나 대세하락 흐름이 시작될 때까지 기다렸다가 시장에 진입하고, 이런 큰 흐름이 끝나간다는 경고음이 울릴 때 과감히 빠져나올 수 있는 것이야말로 성공 투자의 지름길이다.

50주를 파는 것과 5만 주를 파는 것

그날 아침 아무 문제 없이 보유 주식을 전부 매도할 수 있는 시장을 발견했을 때 나는 당연히 그렇게 했다. 주식을 처분하면서 50주를 파는 것보다 5만 주를 파는 게 더 용감해져야 한다거나 더 현명해져야 하는 건 아니다. 그러나 50주는 거래량이 적은 답답한 시장에서도 주가를 떨어뜨리지 않고 매도할 수 있지만, 어느 한 종목 주식 5만 주를 매도하는 건 이와 차원이 다른 문제다. (……) 내가 손에 쥔 이익은 약 150만 달러에 달했고, 나는 이 이익을 적절한 순간에 거두어들였다. 하지만 150만 달러를 벌었다고 해서 이게 내가 정확한 시점에 매도했다고 생각하는 진짜 이유는 아니다. 내가 정확했음을 시장이 입증해주었고, 그것이 바로 내가 만족하는 실제 이유였다.

《제시 리버모어의 회상》 p322

Of course, when I found that morning a market in which I could sell out all my stocks without any trouble I did so. When you are selling out it is no wiser or braver to sell fifty shares than fifty thousand; but fifty shares you can sell in the dullest market without breaking the price and fifty thousand shares of a single stock is a different proposition. (……) I had a total profit of about $1,500,000 and I grabbed it while the grabbing was good. But that wasn't the principal reason for thinking that I did the right thing in selling out when I did. The market proved it for me and that was indeed a source of satisfaction to me.

이때 제시 리버모어는 U.S. 스틸 주식을 7만2000주나 보유하고 있었다. 그 무렵 일반적인 시장 상황에서 이 정도 물량을 처분하려고 했다면 평가이익이 불가피하게 줄어들 수밖에 없었을 것이다. 그러나 리버모어는 평가이익을 현금화할 수 있는 기회가 오자 즉시 전부 처분했다. 그의 평균 매도가격은 그날 최고가이자 당시 강세장의 천정보다 불과 1포인트 낮은 주가였다.

탐욕과 희망을 이겨낸 상식

하지만 나는 꾹 참고 앉아 큰 소리로 요란하게 울려대는 내 바람과 믿음에 귀 기울이는 대신 경험에서 나오는 한결 같은 목소리와 상식이 전해주는 지혜에 주의를 기울였다. 일단 어느 정도의 종자돈만 마련하면 언제든 기회를 잡을 수 있다. 그러나 종자돈이 없다면 기회를 잡아도, 그것이 아무리 작은 기회라 할지라도 언감생심 손을 뻗을 수조차 없을 터였다. 6주를 그렇게 참고 견뎌내야 했지만, 마침내 상식이 탐욕과 희망을 이겨냈다! (……) 정확한 시점이 오기를 기다리며 참고 참았던 6주의 기간은 지금까지 내가 겪었던 가장 피곤했던 6주인 동시에 그야말로 비상한 노력을 요구했던 6주였다. 하지만 거기에는 보상이 따랐다. 나는 이제 꽤 큰 물량을 거래할 만한 자본을 확보했다. 500주 한도에 갇혀 있어서는 결코 내 마음껏 거래할 수 없을 것이었다.

《제시 리버모어의 회상》 p269

But I sat tight and instead of listening to my loud-mouthed hopes or to my clamorous beliefs I heeded only the level voice of my experience and the counsel of common sense. Once I got a decent stake together I could afford to take chances. But without a stake, taking chances, even slight chances, was a luxury utterly beyond my reach. Six weeks of patience, but in the end, a victory for common sense over greed and hope! (……) Those six weeks of waiting for the right moment were the most strenuous and wearing six weeks I ever put in. But it paid me, for I now had enough capital to trade in fair-sized lots. I never would have got anywhere just on five hundred shares of stock.

제시 리버모어가 파산한 상황에서 어떻게 재기할 수 있었는지 잘 보여주는 대목이다. 그가 주목하고 있던 베들레헴 스틸의 주가가 90달러를 돌파했을 때는 그도 결심이 흔들리면서 안절부절 하지 못했지만, 마침내 전속력으로 달리라는 출발 신호가 울릴 때까지 긴장하며 기다렸다.

룰렛 게임에서 돈을 따는 방법

나와줘야 할 숫자들이 나오지 않을 때면 게임을 그만뒀습니다. 바퀴와 싸워봐야 헛일이니까요. 뭔가가 잘못 된 겁니다. 이유는 나중에 알게 되겠지요. 그러나 누구든 자기가 틀렸을 때 가장 시급히 해야 할 일은 재빨리 그만두는 겁니다. (……) 나는 숫자들이 나오는 순서가 각각의 바퀴마다 달라질 뿐만 아니라 그걸 돌리는 딜러에 따라서도 달라진다는 것을 배웠죠. 게다가 똑같은 바퀴를 똑같은 딜러가 돌리는데도 숫자들이 예상과 맞지 않을 때도 있었습니다. 아마도 카지노에서 그날 오후에 바퀴에다 기름을 쳤거나 기계 상태를 바꾸는 모종의 조치를 취했기 때문일 겁니다. 모든 것은 오로지 각각의 바퀴가 돌아가는 기계적인 움직임과 그것을 돌리는 딜러 각자의 신체적 특징에 달려있지요. 나는 반복적으로 나오는 숫자들을 주목했던 겁니다. 이미 말했듯이 손실이 나면 재빨리 끊었습니다. 어떤 바퀴에서도 200달러 이상은 잃지 않았어요. 그 정도 금액을 잃으면 나는 뭔가가 바뀌었으며 앞서 내가 기록한 관찰이 다 쓸모없게 돼버렸다고 결론을 내립니다. 하지만 대개는 조금이라도 땄습니다. 결국 휴가를 마칠 무렵에는 많지 않은 돈을 벌었더군요. 아마 3000달러인가 4000달러쯤 됐을 겁니다. 그러나 그건 중요하지 않아요. 내가 게임을 한 이유는 내가 정확하게 관찰했는지 여부를 알기 위해서였으니까요.

《원전으로 읽는 제시 리버모어의 회상》 p41

Whenever things didn't come out as they should, I'd quit. There was no sense in arguing. Something had gone wrong. I might find out the reason later, but the pressing need when one is wrong is to quit quick. (……) I learned that the runs of numbers varied not only with the wheels but with the dealers. There were times when the same wheel and the same dealer would not run true to form. Probably they had oiled the mechanism that afternoon or had done something or other to alter conditions. The whole thing was simply one of the mechanical behavior of individual wheels, and the physical peculiarities of each dealer. I watched for the repetitions. As I told you, I always cut short my losses. No wheel could take more than two hundred dollars out of me. By the time I'd lost that sum I was sure something or other had changed, which rendered valueless all my previous observations. But often I won quite a little. At the end of the season I quit a small winner; say, three or four thousand. But that wasn't the thing. The reason I played was to learn whether my observations were accurate.

제시 리버모어는 브래들리스 비치 클럽 카지노에서 처음 룰렛 게임을 했을 때의 경험을 이렇게 설명한다. "룰렛 게임이 진행되는 테이블 앞에서 바퀴가 돌아가는 것을 유심히 지켜보다, 바퀴가 멈추고 숫자가 나올 때마다 전부 노트에다 적어둔 다음 이런 식으로 기록한 게임 결과를 연구해보니 특정 숫자들이 다른 숫자들보다 훨씬 자주 나오고, 또 특정 숫자들은 어떤 다른 숫자들이 나온 다음에 자주 나온다는 사실을 알게 됐다. 특정 숫자들이 나오는 어떤 순서를 발견한 것이다. 확률이 나한테 유리했으니 돈을 땄다."

시세조종의 대원칙

나중에 주식을 매도할 때 대중들을 끌어들일 수 없다면 주가를 무조건 끌어올려봐야 아무런 의미도 없다. 경험이 없는 시세조종 주도자들은 주가가 천정에 달했을 때 매도하려고 시도하다 실패하고 만다. 그럴 때마다 "말을 물가로 끌고 갈 수는 있으나 억지로 물을 먹일 수는 없다"는 옛 선배들의 말이 얼마나 지혜로운지 통감할 것이다. 그들이 바로 시세조종의 원조 아닌가! 사실 시세조종의 대원칙을 기억해두는 게 좋다. 킨과 그보다 앞선 걸출한 선배들이 잘 알고 있던 대원칙은 이렇다. 시세조종이란 주가를 최대한 높은 데까지 끌어올린 다음 주가가 하락할 때 대중들을 상대로 매도하는 것이다.

《제시 리버모어의 회상》 p369

There is no sense in marking up the price to a very high level if you cannot induce the public to take it off your hands later. Whenever inexperienced manipulators try to unload at the top and fail, old-timers look mighty wise and tell you that you can lead a horse to water but you cannot make him drink. Original devils! As a matter of fact, it is well to remember a rule of manipulation, a rule that Keene and his able predecessors well knew. It is this: Stocks are manipulated to the highest point possible and then sold to the public on the way down.

제시 리버모어가 활동하던 시절 시세조종은 합법적이었고, 작전 세력이 잘 써먹는 기술이었다. 그는 이렇게 말한다. "대중들을 상대로 매각해야 할 주식은 시세조종을 통해 가능한 한 높은 가격까지 끌어올린 다음 매도해야 한다. 대중들은 주가가 천정에 있을 때 매도 물량이 전부 다 나왔다고 철석같이 믿기 때문이다. 주가가 하락할 때 얼마나 많은 주식을 매도할 수 있는지, 다시 말해 대중들이 주가가 하락할 때 얼마나 많은 주식을 매수하는지 생각해보면 정말 놀라울 지경이다."

시세조종도 트레이딩일 뿐이다

재차 반복하지만, 나는 시세조종을 하는 동안 단 한 순간도 내가 주식 트레이더라는 점을 잊지 않는다. 결국 시세조종 주도자로서의 내 문제는 투기자로서 내가 풀어야 할 문제와 똑같은 것이다. 시세조종 주도자가 어떤 주식을 자기가 원하는 대로 움직일 수 없는 순간 시세조종은 막을 내린다. 당신이 시세조종하는 주식이 마땅히 가야 할 방향으로 가지 않는다면 시세조종을 멈춰라. 절대 시세와 싸우지 말라. 이익을 다시 찾겠다고 발버둥치지 말라. 그만두는 게 좋을 때 그만두라. 그래야 손실이 적다.

《제시 리버모어의 회상》 p376

I repeat that at no time during the manipulation do I forget to be a stock trader. My problems as a manipulator, after all, are the same that confront me as an operator. All manipulation comes to an end when the manipulator cannot make a stock do what he wants it to do. When the stock you are manipulating doesn't act as it should, quit. Don't argue with the tape. Do not seek to lure the profit back. Quit while the quitting is good and cheap.

무엇보다 중요한 것은 자신의 투자 철학과 원칙을 잊지 않는 것이다. 어떤 종목을 시세조종하든 기본적인 트레이딩 원칙에 따라 해야 한다. 아무리 강력한 세력도 시장을 이길 수 없고, 제아무리 뛰어난 시세조종 주도자도 시장의 명령을 거역할 수 없다. 제시 리버모어도 경험했듯이 시세조종이라고 해서 다 성공하는 게 아니다. 시장의 흐름을 거스르는 투자는 규모가 크든 작든 실패할 수밖에 없다.

내부자 정보는 파산으로 가는 지름길이다

여러 차례 이야기했지만 아무리 반복해도 지나치지 않은 것이 있다. 주식 투기자로서 오랜 세월을 지나오면서 확신하게 된 것이다. 몇 차례 개별 종목들을 매매해 돈을 벌 수는 있어도 지속적으로 계속해서 주식시장을 이길 수 있는 사람은 없다는 점이다. 제아무리 경험이 많은 트레이더라 해도 투기라는 게임에서 손실을 볼 가능성은 늘 있게 마련이다. 투기란 절대 100% 안전하게 만들 수 없기 때문이다. 월스트리트의 프로들은 "내부자" 정보에 따라 매매하는 것이야말로 기근이나 흉작, 악성 전염병이나 정치적 격변, 혹은 일반적으로 말하는 대형 사건들보다 더 빨리 인간을 파산하게 만든다는 걸 알고 있다. 월스트리트건 어디건 성공으로 이어지는 탄탄대로는 없다. 그런데 왜 이마저도 가로막으려 하는가?

《제시 리버모어의 회상》 p445

I have said many times and cannot say it too often that the experience of years as a stock operator has convinced me that no man can consistently and continuously beat the stock market though he may make money in individual stocks on certain occasions. No matter how experienced a trader is the possibility of his making losing plays is always present because speculation cannot be made 100 per cent safe. Wall Street professionals know that acting on "inside" tips will break a man more quickly than famine, pestilence, crop failures, political readjustments or what might be called normal accidents. There is no asphalt boulevard to success in Wall Street or anywhere else. Why additionally block traffic?

《제시 리버모어의 회상》에 나오는 마지막 구절이다. 누구든 경험에서 배운 것과 어긋나게 행동하거나 상식에서 벗어난 일을 하면 어느 분야에서도 성공할 수 없다. 주식시장 역시 마찬가지다. 제시 리버모어가 평생의 경험을 통해 배운 가르침이니만큼 단단히 새겨둘 필요가 있다.

지식이 있다면 거짓말을 두려워할 필요가 없다

내 매도 포지션이 옳다는 것을 알았기에 꿋꿋이 견뎌낼 수 있었다. 나는 시장의 추세에 역행하지 않았고, 기본적인 시장 여건을 거스르지도 않았다. 오히려 그 반대였다. 그 점이 바로 내가 스스로를 과신하던 내부자 무리들의 실패를 믿어 의심치 않았던 이유다. 그들이 다른 사람들을 상대로 시도했던 시세조종은 이전에도 행해진 적이 있었고, 항상 실패했다. 반등은 자주 있었지만, 내가 다른 사람들과 마찬가지로 그런 반등이 올 것이라는 것을 알았을 때조차도 나는 전혀 겁먹지 않았다. 나는 꿋꿋이 견뎌내는 것이 일단 공매도 물량을 정리했다가 더 높은 가격에 새로 공매도를 시도하는 것보다 종국에 가서는 훨씬 더 나을 것이라는 점을 잘 알고 있었다. 내가 옳다고 생각하는 포지션을 고수함으로써 나는 100만 달러가 넘는 돈을 벌었다. 나는 직감에 기대지도 않았고, 솜씨있게 시세를 읽어낸 것도 아니였으며, 오로지 용기 하나만 믿고 버틴 것도 아니었다. 이건 내가 내린 판단에 대한 믿음이 가져다 준 보상이었지, 결코 내가 똑똑해서 혹은 자부심이 강해서 얻어진 결과가 아니었다. 지식은 강력한 힘이고, 강력한 힘이 있다면 거짓말을 두려워할 필요가 없다. 주가 테이프를 통해 거짓말을 흘려 보낸다 해도 말이다. 거짓말은 순식간에 자취를 감춰버린다.

《제시 리버모어의 회상》 p348

I stood pat throughout because I knew my position was sound. I wasn't bucking the trend of the market or going against basic conditions but the reverse, and that was what made me so sure of the failure of an overconfident inside clique. What they tried to do others had tried before and it had always failed. The frequent rallies, even when I knew as well as anybody that they were due, could not frighten me. I knew I'd do much better in the end by staying pat than by trying to cover to put out a new short line at a higher price. By sticking to the position that I felt was right I made over a million dollars. I was not indebted to hunches or to skillful tape reading or to stubborn courage. It was a dividend declared by my faith in my judgment and not by my cleverness or by my vanity. Knowledge is power and power need not fear lies—not even when the tape prints them. The retraction follows pretty quickly.

정확한 판단만큼 확실한 우군도 없다. 시장의 방향이 잠시 어긋나더라도 초조해할 필요는 없다. 아무리 막강한 세력이나 큰손 투기자가 시장을 흔들어대도 자신의 판단이 정확하다면 흔들림 없이 확신을 갖고 기다릴 수 있기 때문이다.

거래를 시작할 때와 끝낼 때

나는 적어도 10포인트의 수익이 예상돼야 거래를 시작합니다. 왜냐하면 단기적으로 출렁이는 주가 흐름에서는 제대로 포지션을 취할 수도 없고 적절히 빠져나올 수도 없기 때문입니다. 일단 거래를 시작한 다음에는 몇 포인트 수익이 날 때까지 지켜봅니다. 그러고는 일정 시점까지 잊어버린 채 가만히 있는 겁니다. 수익이 계속 커나가도록 놔두었다가 마침내 때가 됐다고 느껴지면 거래를 끝내는 것이지요.

《Wall Street Ventures & Adventures Through Forty Years》

I never go into a trade unless I see at least ten points profit because I can't take on a line and get a decent run out of short swings. After a trade is once made and has run several points in my favor, I forget about it to a certain extent, and let it ride until I feel it is time to close it out.

단기적인 주가 등락을 전부 다 맞출 수 있는 사람은 이 세상 어디에도 없다. 제시 리버모어 역시 시장의 큰 흐름을 무시한 채 시도 때도 없이 매매했다가 전 재산을 다 날려버리기도 했다. 이건 그런 시행착오 끝에 배운 교훈이다. 냉정하게 기다리면서 함부로 거래하지 않는 자세가 몸에 밴 다음에야 그는 비로소 냉정한 승부사의 경지에 오를 수 있었다.

리스크 관리와 현금 확보

성공하는 사업가는 다양한 고객들과 신용을 쌓으려 하지만, 생산한 제품을 한 명의 고객한테 전부 파는 것은 싫어한다. 고객의 숫자가 많을수록 사업 리스크는 그만큼 더 넓게 분산된다. 투기라는 사업에 종사하는 사람 역시 이와 마찬가지로 어떤 한 가지 모험사업에 투자하는 자본은 일정 금액 이하로 제한하는 리스크 관리를 해야 한다. 투기자에게 현금이란 상인에게 가게 선반에 있는 상품과 같다.

《주식 투자의 기술》 p47

A successful businessman extends credit to various customers but would dislike to sell his entire output to one customer. The larger the number of customers the more widely the risk is spread. Just so, a person engaged in the business of speculation should risk only a limited amount of capital on any one venture. Cash to the speculator is as merchandise on the shelves of the merchant.

현금은 투자자에게 생명선이나 다름없다. 현금이 없으면 언제든 투자의 세계에서 퇴출당할 수 있다. 위험 분산의 출발은 현금 확보다. 현금은 시장의 어떤 변화에도 안전한 확실한 자산이다. 주식은 위험 자산이다. 적정 수준의 현금을 확보한 다음에 투자해야 한다. 그래야 조바심내지 않고 건전한 상식과 원칙에 따라 투자할 수 있다.

진정한 승리는 돈이 아니다

나는 아주 기분좋게 공매도 거래를 끝냈다. 신문에서는 래리 리빙스턴, 일명 꼬마 승부사가 수백만 달러를 벌었다고 썼다. 어쨌든 그날 거래를 모두 마친 뒤 내가 거둔 이익은 100만 달러가 넘었다. 하지만 내가 거둔 진정한 승리는 돈의 액수가 아니라 무형의 것이었다. 나는 정확했고, 앞을 내다봤으며, 분명한 계획에 따라 거래했다. 나는 큰돈을 벌기 위해서는 마땅히 무엇을 해야 하는지 배웠다. 도박꾼 단계에서 이제 영원히 빠져 나온 셈이었다. 마침내 큰돈을 걸고서 현명하게 거래하는 법을 배운 것이었다. 그날은 내 생애 최고의 날이었다.

《제시 리버모어의 회상》 p180

I came out of it in fine shape. The newspapers said that Larry Livingston, the Boy Plunger, had made several millions. Well, I was worth over one million after the close of business that day. But my biggest winnings were not in dollars but in the intangibles: I had been right, I had looked ahead and followed a clear-cut plan. I had learned what a man must do in order to make big money; I was permanently out of the gambler class; I had at last learned to trade intelligently in a big way. It was a day of days for me.

1907년 10월 24일, 제시 리버모어는 하루 동안이었지만 주식시장의 제왕이 됐다. 사람들은 단지 그가 벌어들인 돈에만 관심을 쏟았다. 하지만 그는 남들한테서 미쳤다는 소리까지 들어가며 일찌감치 시장을 약세 시각으로 바라봤고 결국 승리했다. "약세장에서는 누구도 주가를 끌어올릴 수 없다. 어떤 작전도 시장의 흐름에 역행해 성공할 수 없다. 만일 어느 세력이 이렇게 무리한 공세를 펼친다면 과감히 싸움에 응해야 한다. 그게 논리적이기 때문이다."

돈벼락을 피할 수 없는 시기가 있다

나는 초(超) 강세장에서 초지일관 강세 시각으로 밀고 나갔다. 모든 일이 내 뜻대로 확실히 풀려나가다 보니 돈을 버는 것 외에 달리 할 게 없었다. 지금은 고인이 된 스탠다드 오일 컴퍼니의 H.H. 로저스가 한 말이 떠올랐다. 우산도 없이 폭풍우 속을 걸어갈 때 온몸이 어쩔 수 없이 젖어버리듯 누구라도 그렇게 돈벼락을 피할 수 없는 시기가 있다는 의미로 한 말이었다. 그때는 진짜 일찍이 보지 못했던 가장 뚜렷한 강세장이었다. (……) 세계 각지의 금이 미국으로 억수같이 쏟아져 들어오고 있었다. 인플레이션이 불가피했다. 물론 그렇게 되면 모든 가격이 다 오를 것이었다.

《제시 리버모어의 회상》 p272

I was rampantly bullish in a wild bull market. Things were certainly coming my way so that there wasn't anything to do but to make money. It made me remember a saying of the late H. H. Rogers, of the Standard Oil Company, to the effect that there were times when a man could no more help making money than he could help getting wet if he went out in a rainstorm without an umbrella. It was the most clearly defined bull market we ever had. (……) I mean that the wide world's gold was pouring into this country in torrents. Inflation was inevitable, and, of course, that meant rising prices for everything.

주식시장에서 큰돈을 버는 방법은 간단하다. 강세장에서는 매수 포지션을 늘리고 약세장에서는 공매도 포지션을 늘리는 것이다. 물론 말처럼 쉽지 않다는 게 문제다. 하지만 로저스의 말처럼 누구나 한 번쯤은 그런 기회를 잡는다. 폭풍우 같은 돈벼락이 쏟아질 때 얼마나 흠뻑 젖을 수 있는가는 스스로 얼마나 단련해왔는가에 달려있다.

주식 투기는 사라지지 않을 것이다

주식 투기는 영원히 사라지지 않을 것이다. 사라지는 것 또한 바람직하지 않다. 주식 투기에 따르는 위험을 아무리 경고해도 주식 투기를 막을 수는 없다. 제아무리 실력 있고 경험 많은 사람도 주식 투기에서는 잘못된 판단을 내릴 수 있다. 신중하게 세운 계획도 예상치 못했던 일이나 전혀 예상할 수 없었던 사건이 발생하는 바람에 엉뚱한 결과로 이어질 수 있다. 파탄은 자연재해나 기상이변으로 인해 야기될 수 있고, 자신의 탐욕이나 누군가의 허영심 때문에 비롯될 수 있으며, 두려움이나 억제할 수 없는 바람이 그 원인일 수 있다. 그러나 인간이기에 어쩔 수 없는 내부의 적들은 차치하고라도 주식 투기자라면 마땅히 상업적으로는 물론 도덕적으로도 변명의 여지가 없는 잘못된 관행이나 악습에 맞서 싸워야 한다.

《제시 리버모어의 회상》 p425

Speculation in stocks will never disappear. It isn't desirable that it should. It cannot be checked by warnings as to its dangers. You cannot prevent people from guessing wrong no matter how able or how experienced they may be. Carefully laid plans will miscarry because the unexpected and even the unexpectable will happen. Disaster may come from a convulsion of nature or from the weather, from your own greed or from some man's vanity; from fear or from uncontrolled hope. But apart from what one might call his natural foes, a speculator in stocks has to contend with certain practices or abuses that are indefensible morally as well as commercially.

주식시장의 가장 중요한 기능은 자원의 효율적 배분이다. 주식시장이 존재하는 한 투자자가 해야 할 일은 그것을 제대로 이해하는 것이다. 시장은 탐욕의 대상이 아니라 이해해야 할 대상이다.

옮긴이 박정태

1962년 서울에서 태어나 고려대학교 경제학과를 졸업했다. 15년간 신문기자로 일했고, 현재 경제평론가 겸 전문 번역가로 활동 중이다. 지은 책으로는 《아시아 경제위기 1997-1998》이 있고, 옮긴 책으로는 존 템플턴의 《영혼이 있는 투자》와 《템플턴 플랜》, 윌리엄 오닐의 《최고의 주식 최적의 타이밍》과 《The Successful Investor》, 짐 로저스의 《월가의 전설 세계를 가다》와 《어드벤처 캐피탈리스트》《상품시장에 투자하라》, 필립 피셔의 《위대한 기업에 투자하라》와 《보수적인 투자자는 마음이 편하다》, 제럴드 로브의 《목숨을 걸고 투자하라》, 랄프 웬저의 《작지만 강한 기업에 투자하라》, 찰스 다우의 칼럼을 중심으로 정리한 《주가의 흐름》, 세계적인 첨단 기업의 성공과 좌절을 담은 《반도체에 생명을 불어넣은 사람들 1, 2》《열정이 있는 지식기업 퀄컴 이야기》 등 20여 권이 있다. 《제시 리버모어의 회상》과 《주식 투자의 기술》을 번역하면서 완벽에 가까운 한국어판을 만들기 위해 1년 이상에 걸친 시간과 노력을 바쳤으며, 제시 리버모어에 대한 깊이 있는 자료조사를 바탕으로 《원전으로 읽는 제시 리버모어의 회상》과 《투자의 핵심》을 펴냈다.

투자의 핵심
Heart of Speculation

1판1쇄 펴낸날 2011년 1월 31일
1판4쇄 펴낸날 2024년 3월 10일

지은이 제시 리버모어
엮고 옮긴이 박정태
펴낸이 서정예
표지디자인 오필민
펴낸곳 굿모닝북스

등록 제2002-27호
주소 (410-837) 경기도 고양시 일산동구 호수로 672 804호
전화 031-819-2569
FAX 031-819-2568
e-mail goodbook2002@daum.net

가격 12,000원
ISBN 978-89-91378-24-7 03320

*잘못된 책은 구입하신 서점에서 바꿔드립니다.
*이 책의 전부 또는 일부를 재사용하려면 사전에
  서면으로 굿모닝북스의 동의를 받아야 합니다.